모호한 상실

모호한 상실

해결되지 않는 슬픔이 우리를 덮칠 때

폴린 보스 지음 · 임재희 옮김

Ambiguous Loss:
Learning to Live with Unresolved Grief

작가
정신

추천의 글

— 상실의 시대를 살아가는 당신에게

굵이 쇼펜하우어의 '표상의 세계관'을 도입하지 않더라도, 인생은 고난의 연속이다. 특히 삶의 여정 속 수많은 만남과 이별 속에서, 가까운 사람들과의 이별로 인한 충격은 그 무엇보다도 크고 아프며, 자신이 세상을 떠나는 순간 역시, 자신의 주위에 고통을 안겨주면서 스스로는 비로소 그 고통으로부터 자유로울 수 있다. 이러한 상실은 그 원인들조차 너무나 복잡한 이유들로 뒤섞여 있어서 단순하게는 죽음에서부터, 발병의 시작 시점조차 명확치 않은 심한 인지능력 저하로 인한 자아의 상실 등에 이르기까지 혼란스럽기만 하다. 인간이 사회적 동물Homo

Sociologicus 성향을 가지는 이성적 존재이기 때문인지, 그저 무리 생활을 하는 동물적 본능에 가까운 것인지 알 수 없지만, 아마도 이것조차 수평선의 안개와도 같이 모호하게 뒤섞여 있을 것이다.

사회학과 심리학을 복수전공한 학자이자 오랜 가족상담 경험을 바탕으로 한 임상심리전문가인 폴린 보스 박사는, 인생을 꿰뚫으며 지나가는 상실과 그로부터 회복하는 과정을 오랜 기간 연구했다. 저자는 만만하지 않은 세상 속에서 힘들게 살아가고 있는 남겨진 사람들과 그 사람들을 위해서 일하는 후학들을 위해 작은 지혜의 참고서를 남기고 싶어 한 것 같다. 실로 인생은, 이 책의 제목인 『모호한 상실 Ambiguous loss』과 같이 수많은 이별과 상실들로 가득 차 있으며, 결코 선명한 결말이나 해결책은 없다. 기본적으로 불확실성으로 가득 차 있어 그 모호함 이외에는 달리 특정될 단어조차 없다. 어쩌면 이 책은 상실을 겪고 있는 사람들과, 역시 상실을 겪으면서도 상실의 현장에서 일하고 있는 이들이 불확실성 속에서도 조금씩은 앞으로 나아갈 수 있도록 새

로운 관점과 접근법을 탐구하도록 유도하는 저자
로부터의 초대장일지도 모른다. 마치 쇼펜하우어의
'의지의 세계관'처럼.

의학박사 · 외과전문의 이국종

차례

엘리에게

1장

응고된 슬픔

일러두기
* 본문의 각주는 모두 옮긴이 주이며, 원문의 주는
본문 말미의 '작가 주'에 실었다.

나는 중서부 이민자 커뮤니티에서 성장했는데, 내가 존경했던 모든 이들은 제각기 다른 곳에서 미국으로 건너온 사람들이었다. 내 부모와 조부모는 더 나은 삶을 위해 20세기 초 대서양을 건너 비옥한 땅이 펼쳐진 위스콘신 남쪽에 자리 잡았다. 그러나 항상 더 나은 삶이 그들을 기다리고 있던 것은 아니었다. 멀리 스위스에 남겨진 가족들은 사랑하는 이들을 타국으로 떠나보내고 그리움의 병이 깊었다. 적어도 제2차 세계대전 때까지 그들은 그리움과 회한을 담은 긴 편지들을 보내왔다. 편지는 늘 같은 말로 끝을 맺었다. "우린 언제 다시 볼 수 있을까?" 나는 아버지가 친할머니와 삼촌에게서 그런 편지들을 받을 때마다 며칠 동안 깊은 우울감에 빠져 있던 것을 아직도 기억한다. 그리고 외할머니가 고국에 두고 온 노모를 애타게 그리워했던 것도. 그녀는 몹시 가난했었고, 나중에는 전쟁 때문에 여행이 금지되어 결국 모녀 상봉이 불가능하다는 걸 알게 되었다. 고질적인 향수병은 결국 우리 가족 문화의 중심을 이루었다. 솔직히 나는 누가 내 가족에 속한 사람들인지 누가 내 가족 바깥의 사람들인지, 혹은 내 고향이 정확히 어디라고 해야 할지조차 알 수 없었다. 떠나온 곳의 어느 장소를 말해야 할까, 아니면 새로운 땅에서의 어딘가일까? 내가 알지도 못하고 더군다나 만나본 적도 없는 사람들까지도 내 가족이라고 부를 수 있을까? 나는 그들을 잘 모르지만, 아버지와 외할머니에게 무척 가까운 사람들이라는 사실은 너무도 분명히 알고 있었다. 아버지와 외할머니는 종종 정신이 어디 먼 데 가 있는 사람들처럼 보였다. 고국에 두고 온, 사랑하는 가족 구성원들의 빈자리는 결코 채워질 수 없는 깊은 상실로 남겨졌고 같이 사는 가족들은 그들이 겪는 부재와 존재의 모호함을 함께 경험하게 되었다.

아버지나 외할머니가 생각하던 가족 초상화는, 내가 어릴 적 텔레비전에서 봤던 남부 위스콘신 목장에 사는 〈월튼네 사람들〉* 가족들의 그것과는 다르다고 생각했다. 그들은 내가 한 번도 만나본 적 없는, 대서양 건너편 오직 그들의 기억 속에만 존재하는 친척들까지도 모두 가족이라는 이름에 포함시켰다. 그들이 '가족'이라고 여기고 있는 사람의 대부분은 언제나 몸 닿을 수 없는 곳에 떨어져 있었고, 우리는 온통 이민자들로 북적대는 곳에 살았기 때문에 향수병은 일반인의 평범한 정서처럼 받아들여지곤 했다. 멀리 떨어진 가족들을 그리워하는 것은 당연한 일이겠지만, 나는 유년기 때부터 이런 모종의 상실감과 우울한 감정들이 평생 사라지지 않고 사람들 마음속에 남아 있는 이유가 몹시 궁금했다. 내 주변은 늘 그런 사람들로 가득 차 있었다. 아버지는 조언을 구하고자 찾아온 젊은 이민자들에게 악센트 강한 말투로 종종 이렇게 말했다. "고국에서 3개월

---

* 1970년대 방영된 미국의 대표적인 가족 드라마.

이상 떨어져 지내지 말게. 그러다 자신의 고향이 어
딘지 모른 채 살게 된다네." 어린 나는 그 말이 무슨
뜻인지 늘 알고 싶었다.

　나는 40년 이상을 이민자 커뮤니티에서 뿌리내
리고 살았으며, 동네에서 멀지 않은 매디슨에 있는
위스콘신대학교에 입학했고 훗날 그 대학의 교수
가 되었다. 오랜 시간이 지난 뒤, 뿌리내렸던 그곳을
마침내 떠나게 되었을 때 비로소 나는 아버지의 그
말을 이해하게 되었다. 내가 미니애폴리스와 세인
트폴로 이어지는 트윈 시티로 생활 터전을 옮긴 것
은 아버지가 겪었던 변화에 비하면 사소한 일에 불
과했지만, 나 또한 혼돈 속에서 향수병 비슷한 증세
를 보였다. 고향 사람들이 줄곧 생각났을 뿐만 아니
라, 예전에 살던 집을 처분하는 것도 거부했고 마치
금방이라도 돌아갈 사람처럼 가구까지 그대로 두었
다. 그런데 시간이 흐를수록 대도시의 삶이 내게 활
력과 흥미를 불어넣어 주었다. 나는 마구간을 개조
해 만든 아담한 집을 구해 정착했고 새 친구들과 교
류했다. 자녀들은 방학이나 휴가철이 되면 찾아오
곤 했으며 나는 어머니와 여동생과 자주 통화했다.

그런 소통과 토론의 기회 덕분에 향수병은 짧게 머물다 지나갔다. 비록 내 가족들이 여기저기 다른 곳에서 온 사람들일지라도, 나는 내 자신이 어디에 존재하고 싶은지 분명하게 알게 되었다.

고향을 떠나면서 내가 상실하게 된 것이 무엇인지 언제나 의혹을 품었지만, 나를 옭아맬 정도의 침잠된 감정은 아니었다. 적어도 내 직계가족들과 나는 가난이나 전쟁으로 인하여 교류가 단절된 경우가 아니었으므로 집안 어른들의 경우와는 다르게 어려움은 덜했다. 그럼에도 작은 동네에서 대도시로 이주한 일은 내게 일어난 몹시 큰 변화였다. 내가 심리적으로 취약했을 때 내 가족들은 '곁'에 있었다. 어느 날 우편함 앞에 우표가 덕지덕지 붙고 그야말로 묵직해 보이는, 정육점에서 쓰는 줄로 꽁꽁 묶인 갈색 상자가 배달되었다. 커다란 신발 박스만 한 상자 안에 아버지가 직접 텃밭에서 재배한 감자가 가득 들어 있었다. "스프 만들어 먹어라." 어머니가 쓴 메모도 붙어 있었다. "거기 있어도 네가 집에 있는 것처럼 느끼게 해줄 거야." 어머니의 말은 틀리지 않았다.

직장 때문에, 혹은 실업, 가족 해체, 전쟁, 심지어 단순히 각자의 선택에 의한 결정이라고 할지라도, 서로 떨어져 사는 가족들이 점점 더 늘어나는 요즘, 인구조사 요원들이 노트에 기록한 숫자보다 훨씬 더 중요한 것은 사람들 마음속에 존재하는 가족이 지닌 의미이다. 이민이라는 특수한 경험은 새로운 것들을 받아들이기 위해 예전의 것들과 어떻게 이별하는 게 좋은지에 대한 통찰력을 가르쳐주기도 한다. 개인 이민사는 이민 가정들이 흔히 겪는 심리적 존재와 부재에 대한 모호함이 달콤하면서도 씁쓸하게 유산처럼 녹아 있는데, 특히 심리적으로 가족이라고 여기고 있던 사람들과 현재 함께 사는 가족들이 일치하지 않을 때 더욱 두드러지게 나타난다. 뿌리가 뽑힌 삶 속에 내재된 모호한 상실—불완전하거나 불확실한 상실—을 안고 살아가거나, 심리적으로는 함께 있지만 육체적으로 분리된 채 살아가는 가족들과 어느 정도 마음속으로 조화를 이루지 못한 상태가 지속된다면, 해결되지 않은 슬픔처럼 남겨진 우울한 정서는 후손들의 정서에까지 영향을 미치게 되며 일상에서 겪는 크고 작은 필연적인 상실감까지 더해져 그 자체가 복합적인 성격을 띤다.[1] 이것은 수많은 개인들과 가족 문제의 근원에 깔린 이민과 이주의 유산이다.

나는 연구자이자 가족심리상담사로 일하면서 4,000명 이상의 가족들을 상담해왔는데, 가족에는 육체적인 실체와 마찬가지로 심리적인 실체가 있다고 확신하게 되었다. 내가 집중적으로 연구하는 부분은 가족의 구조가 어떻게 육체적인 것과 심리적인 것의 조화를 이룰 수 있는가인데, 두 경우 모두 누가 그 안에 존재하고 누가 부재한 것인지 인식하지 못한다면 자녀들은 물론이고 성인들도 최적의 기능을 발휘하지 못할 수도 있기 때문이다. 인간은 누군가 가족으로서 자신을 위해 일상적이고 충분하게 '곁'에 존재하고 있음을 인지할 때 정상적으로 기능하는 것이 가능하다.

나는 어떤 의미에서 '가족'이란 단어를 광범위하게 사용할 때도 있지만, 그럼에도 가족을 정의하는 내 기준은 엄격하다. 내가 생각하는 가족이란, 우리가 오랫동안 신뢰할 수 있고 친밀감을 느끼며 위로,

보살핌, 양육, 지원, 지속성 그리고 정서적인 유대관계로 연결된 집단을 의미한다. 혈연으로 연결되어 함께 살아온 사람들도 가족이지만 성인이 되어 우리가 선택한 '선택 가족'이라고 불리는 사람들도 가족의 범주에 들어간다. 후자는 생물학적 또는 비생물학적 자손을 포함하거나 자손을 전혀 포함하지 않을 수도 있다. 우리는 친척들이나 친구들의 자녀들에게 이모 혹은 삼촌일 수도 있고, 혹은 함께 사는 파트너의 자녀들에게 양부모가 될 수도 있다. 이러한 가족관은 생물학적인 관련성보다는 (심리적, 육체적으로) 존재하느냐, 존재하지 않느냐의 기준이 더 강조된다.

심지어 우리 가족 안에서도 '누가 가족'인지에 대해서, 그 정의를 칼로 자르듯 명확하게 내릴 수는 없을 것이다. 가족의 구성 요소라는 것도 상황이 바뀌고 출생과 죽음이 뒤따르면서 가족의 마음속에서 계속 변화하고 있다. 진짜 가족이 외부인에게 분명하게 드러나지 않는 경우도 자주 있지만, 부부나 가족을 상담하는 전문가들은 누가 가족이라는 이름으로 들어와 있고 누가 제외되어 있는지 알아야 할 필요가 있다. 사람들이 혼돈과 고통을 일으키는 모호한 상실을 경험할 때 심리적 가족은 고통을 최소화하기 위한 노력에서 중요한 역할을 할 수 있다. 가정이 적절히 기능하려면 심리적인 것과 육체적인 것 사이의 조화가 반드시 필요하기 때문이다.

비록 임상 사례 문헌들이 모호한 상실에 대해 대부분 침묵해왔지만, 그러한 현상들은 언제나 오페라, 문학, 연극 등을 통해 작품으로 형상화되었다. 상실은 이런 장르에서 윤색되어 희미하고 불확실하게 드러난다. 호메로스의 『오디세이』 속 페넬로페는 실종된 남편을 계속 기다리고, 아서 밀러의 『모두가 나의 아들』에서 아버지는 치명적인 비행기 사고로 사망한 아들이 계속 살아 있다고 우긴다. 우리는 때때로 이해할 수 없는 것들을 모호하게 낭만화하고 오디세우스의 아내와 푸치니의 〈나비 부인〉의 기다림에 관한 장면들을 보며 즐긴다. 정확히 이해하지 못하는 바로 그 상황들이 사람들의 무의식을 뒤흔드는 것이다. 그러나 비슷한 상황을 경험해본 사람이라면 인물들의 막연한 기다림과 불분명한 태도를 결코 낭만적으로 받아들일 수 없게 된다. 모호한 상실은 늘 심리적 압박과 고통을 동반한다. 상실에 관한 내용은 예술뿐만 아니라 심리치료의 문헌에 속한다. 아마도 예술가들을 제외하고 모호한 상실에 관해 쓴 사람은 매우 적을 것이다. 이는 사람들의 삶에서 매우 흔한 현상이기 때문이기도 하다. 이러한 심리적 현상이 새롭지는 않겠지만, 임상 연구와 관찰에 근거하여 모호한 상실이라고 명시하고 설명하는 것은 분명 새로운 시도다.

개인적인 관계 속에서 경험하는 모든 상실 가운데, 모호한 상실은 정확하게 규정하기 힘들고 불분명한 상태로 남기 때문에 오히려 가장 치명적이다. 이렇듯 불분명하고 고통스러운 감정에 관해 함축적으로 보여주는 영국의 전래동요가 있다.

> 계단을 올라갔을 때,
> 나는 그곳에 없는 한 사람을 만났다.
> 오늘 그는 그곳에 없었다.
> 아, 그가 정말 떠났다면 얼마나 좋을까.

우리는 이 동요에서 한 사람에 대한 부재나 존재

의 간극이 얼마나 불분명한지 알 수 있다. 사람들은 확신을 갈망한다. 죽음에 대한 확실한 정보는 의심의 연속보다 오히려 더 환영받는다.

보스니아의 한 노파가 앙상한 해골 근처에서 발견된 아들의 신발을 보고 그 해골이 아들의 뼈라고 믿으며 껴안는 모습을 떠올려본다. 노파는 저항할 수 없는 결말 앞에서 사랑하는 아들의 주검이 '거기 있었다'고 믿거나 동시에 '거기 없었다'고 믿는 불분명한 상태의 상실감을 평생 느끼며 살게 되는 것이다. 누구도 사랑하는 그 아들이 죽었다거나 살아 있다거나, 죽어가고 있다거나, 어딘가에서 회복하고 있는 중이라거나, 존재한다거나 부재한다고 확실하게 말할 수는 없다. 그의 소재를 정확히 몰라서 그런 것이 아니다. 공적으로 인정할 수 있는 죽음의 증거들, 사망진단서, 장례식, 조문 행렬, 시신, 즉 묻어야 할 죽은 몸 자체가 모두 없다는 뜻이다. 이런 불확실성이 불러오는 모호한 상실은 모든 상실 중에서 가장 고통스러운 증상으로 발전할 뿐만 아니라 종종 간과되거나 오진을 유발한다. 이런 특유의 상실은 사실 신문을 펼치면 어느 면에서나 찾아볼 수 있다. 플로리다 비행기 추락 사고로 인해 사랑하는 가족들의 시신조차도 찾을 수 없어 비탄에 빠진 어느 가족이나, 10년 전 불가사의하게 실종된 아들을 위해 노란 리본을 계속 매다는 어머니, 언젠가 아버지가 밀림을 헤치며 걸어 나올 것이라는 희망을 버리지 않는, 동남아시아 어딘가에서 격추된 비행기 조종사의 자녀 등에 관한 사연들도 있다. 이러한 모호한 상실은 언제나 전쟁과 폭력의 결과이지만, 우리의 일상 속에서 오히려 더 은밀하게 퍼져 있다. 배우자가 떠나고, 자녀가 떠나고, 직장 동료가 해직되고, 부모들은 늙고 정신이 흐려지는, 그런 모든 것들 속에 모호한 상실이 자리 잡는다. 우리의 절대적인 확실성에 대한 갈망은 심지어 우리가 영원히 견고하고 예측 가능하다고 믿는 관계들 속에서도 거의 충족되지 않는다.

모호한 상실은 개인과 가족에게 문제를 일으킬 수 있지만, 그런 문제들이 상실을 경험하는 사람들의 정신적인 결함으로 인해 일어나는 것은 아니다. 스스로가 통제할 수 없는 상황이나 외부의 제약으로 인해 극복과 애도의 전 과정이 가로막혀 있기 때문이다. 치료는 상실의 모호성을 인지하는 것에서 시작되는데, 사람들이 비록 불분명한 상태에 놓여 있다 하더라도 이해하고, 극복하고, 상실 이후의 삶으로 나아갈 수 있도록 허용한다. 치료의 기초가 되는 주요한 이론적 전제는 상실의 모호함이 클수록, 그리고 극복하는 것이 어려울수록 더 심한 우울과 불안, 나아가 가족 간의 갈등을 유발한다는 것이다.

사랑하는 사람이 실종되었는데도 현실에 존재한다고 인지하거나, 현실에 존재하는데도 부재하는 것으로 인지하는 상황들이 사람을 무기력하게 만들고, 우울과 불안을 야기하고 관계 갈등까지 유발한다.[2] 모호한 상실은 어떻게 이런 결과를 만드는 걸까? 첫째, 상실은 혼란스럽기 때문에 사람들은 도저히 이해할 수 없는 상황 속에 놓인 채 그대로 굳어진다. 상황을 이해하는 방법을 모르는 것이다. 문제(상실)가 최종적인 결과인지, 일시적인 현상인지 그 자체도 아직 모르기 때문에 문제를 해결할 수 없다. 만약에 이런 불확실성이 계속된다면, 가족들은 종종 두 가지의 반응을 보인다. 마치 그 대상이 완전히 사라진 것으로 믿거나, 혹은 아무 일도 일어나지 않은 것처럼 상황 자체를 부정하는 것이다. 어느 쪽이든 만족스러운 건 없다. 둘째, 불확실성은 사랑하는 사람과 그들 관계 속에 존재했던 역할과 원칙을 재수정함으로써 상실의 모호함에 적응하는 것을 방해하고, 따라서 남겨진 부부나 가족들의 관계는 그 상태로 얼어붙는다. 만약에 육체적 또는 심리적으로 실종된 가족을 마음속으로 정리하지 않은 상태라면, 그들은 언젠가 예전으로 되돌아갈 수 있을 거라는 희망에 매달리게 된다. 셋째, 보통 죽음 이후 치러지는 장례식 같은 확실한 상실의 상징적 의식조차도 거부당한다. 상실의 상태가 미확인인 채로 고스란히 남아 있으므로 그들이 겪고 느낀 감정조차도 온전히 이해받지 못한다. 넷째, 모호한 상실은 삶이 항상 논리적이거나 공정하지 않다는 모순을 상기시킨다. 그런 결과로, 모호한 상실을 목격한 사람들은 가족 중 상을 당했을 때도 따뜻한 도움을 주기보다는 물러서는 경향을 보인다. 마지막으로, 그런 경험을 한 사람들이 내게 말하기를, 모호한 상실은 상실감이 지속되는 상태로 남기 때문에 끈질긴 불확실성에 시달리다 결국 육체적, 심리적으로 탈진 상태에 이르게 된다고 한다.

이런 특별한 종류의 상실 속 모호함은 상실에 대한 정보의 부족 또는 상실의 대상이 여전히 그들과 친밀한 관계 속에 존재하거나 부재한 것으로 여기는 상반된 인식에서 비롯될 수 있다. 예를 들면, 전쟁 중 실종된 아버지를 둔 자녀는 행방이 불분명하다는 정보만으로 아버지가 죽었는지 살았는지 모르는 채로 살아가지만, 이혼 가정의 자녀는 적어도 아버지의 행방을 알며, 어머니가 그를 가족으로 인정하는지의 여부와 상관 없이, 동의하지 않더라도 만날 수 있다.

모호한 상실에는 기본적으로 두 가지 유형이 있다. 첫 번째는 생사 여부가 불확실하기 때문에 가족 구성원들에 의해 실체는 없지만 심리적으로 존재한다고 인지되는 경우이다. 실종된 군인이나 유괴된 자녀로 인한 상실이 이런 비극적인 형태로 남는다. 더 흔한 일상적인 예는 이혼 가정과 입양 가정 내에서 부모나 자녀가 부재하거나 누락된 경우다.

모호한 상실의 두 번째 유형은, 실체는 있지만 심

리적으로 부재하는 경우다. 심각한 알츠하이머병, 중독 그리고 정신질환을 앓고 있는 가족 구성원을 둔 가족들에게서 나타나는 상실이다. 또한, 머리에 심각한 외상을 입은 사람이 혼수상태에 빠진 후 깨어났으나 다른 사람처럼 변한 경우에서도 발생한다. 일상적인 상황의 예를 들어보면, 지나치게 자기 일에 빠져 있거나 다른 외부 관심사에 몰두하는 사람들도 이 범주에 속한다.

위에 나타난 모호한 상실의 두 가지 유형 및 그 영향과, 어떻게 사람들이 그러한 상태를 안고 살아가는지에 대해서는 다음 장에서 보다 자세히 살펴볼 것이다. 그에 앞서 모호한 상실과 그에 대한 반응들은 반드시 일반적인 상실과 확실하게 구분되어야 한다.

모호한 상실의 두 가지 유형으로 인해 고통받는 사람을 대할 때에는 일반적인 상실, 즉 분명한 상실을 겪은 사람들과는 매우 다른 방법으로 접근해야 한다. 가장 분명한 상실은 공적인 절차—사망진단서, 장례식, 관습적인 장례의식에 따른 매장이나 화장—에 의해 확인된 죽음이다. 이런 경우, 사람들은 영구적인 상실이라는 점에 동의하며 애도를 시작할 수 있다. 대다수 사람은 그런 상실을 통틀어 정상적인 슬픔이라고 여긴다. 정상적인 슬픔은, 지그문트 프로이트가 1917년 『애도와 멜랑콜리』에 쓴 것처럼, 사랑하는 대상(사람)과의 관계를 정리하고 궁극적으로 새로운 관계에 몰입하는 것을 회복의 목표로 삼는다. 애도의 과정은 힘들지언정 결국 끝나게 되어 있는 과정이라는 의미이다. 이러한 관점에서 보자면, 정서적으로 건강한 사람은 상실을 극복할 것으로 기대되며 비교적 빨리 새로운 관계로의 전환이 이루어진다.

그러나 몇몇은 분명한 상실에도 불구하고 프로이트가 언급한 것처럼 병적인 (오늘날 심리상담사들이 우울증 혹은 복합적 비통함이라고 부르는) 우울증 증세를 보이는데, 그렇게 반응하는 사람들은 상실의 대상에 집착하고 사로잡힌다. 먹기를 거부하는 미망인이나, 걸핏하면 화를 내는 고아가 된 자녀, 은둔적 행동을 하는 홀아비가 그런 예에 속한다.

그러나 모호한 상실의 경우, 우울 또는 복합적 비통함은 복합적인 상황들—즉 전쟁터에서 실종된 병사를 끝없이 찾아 헤매는 어머니, 친부모가 완전히 배제되었을 때 보이는 입양 자녀의 분노 폭발, 뇌 수술로 고통받다 예전의 모습으로 돌아가지 못한 남편을 둔 아내의 우울과 회피—속에서는 오히려 정상적인 반응일 수 있다. 이러한 해결 불능의 모호한 상실은 '외적' 상황 때문이지 내적인 성격상의 결함이 아니다. 그리고 이러한 외부적 힘으로 인해 해결되지 않은 슬픔은 상실의 불확실성과 모호성이다.

모호한 상실로 고통받는 사람들은 치료법을 찾더라도 전통적인 방식으로 평가받게 된다. 그들에게 종종 나타나는 기능 장애로 인해 쉽게 불안, 우울증, 육체적 질병으로 진단 내려질 가능성이 있는 것이다. 심리상담사나 의사가 진단을 위해 문진 목록에 추가해야 할 항목은, "무기력의 이유로 볼 만한 모호한 상실을 경험한 적이 있는가?"라는 물음이다. 건강한 사람들일지라도, 상실의 불확실성은 의욕을 감소시키고 행동을 방해할 수 있다.

분명한 것은, 불확실한 상실로 인해 슬픔이 풀리지 않는 상태로 굳어진 것을 그들 자신이나 다른 가족들 탓으로 돌리는 것만은 피해야 한다는 사실이다. 의사도 환자의 내부 요인에 국한된 진단을 내리는 것 또한 피해야 한다. 모호한 상실은 죽음과 달리 사람들이 정상적인 종결에 이르는 데 필요한 객관성을 절대 허락하지 않을 수도 있다. 모호함이 상실 자체를 복잡하게 만들듯 애도 과정도 단순하지 않은 것이다. 상황을 정확하게 규정할 수 없으므로 사람들은 애도를 시작할 수조차 없다. 상실처럼 느끼지만 실은 '진짜' 상실이 아니다. 그 혼돈이 애도의 과정을 막는다. 사람들은 희망에서 절망으로 곤두박질치다 다시 되돌아온다. 우울, 불안, 그리고 육체적 질병이 자연스럽게 뒤따른다. 이러한 증상들은 먼저 한 개인에게 영향을 끼쳐서 가족들에게 소외당하거나 심지어 버림받게 되는 결과를 낳고, 서서히 가족 전체로 퍼진다. 가족 구성원들은 각자의 상실에 지나치게 사로잡힌 나머지 서로를 포기한다. 그런 결과로 가족이라는 이름만 남긴 채 가족 구성원은 없는 형태로 남는다.

물론 이 시나리오는 가족과 상실의 성격에 따라 극도의 차이가 있다. 모호한 상실이 현대 가족에게 어떻게 영향을 끼치는지 살펴보기 위해, 위태로워 보이지는 않지만 사이가 점점 소원해지고 있는 존슨 부부를 예로 들어보자.

대기업의 중역인 존슨 씨는 아내와 함께 상담을 받을 수 있는지 내게 전화를 걸어왔다. 정신과 의사가 아내에게 우울증 약을 처방하면서 가족 상담을 받아볼 것을 권했다고 한다. 그들이 처음 방문했을 땐, 마치 상담실 안에 낯선 두 사람이 앉아 있는 것 같았다. 서로 전혀 소통하지 않은 채 오직 나와의 대화만 이어갔다. 둘은 결혼 생활이 혼란스럽다고 고백했다. "뭐라고 정리가 안 돼요." 아내가 말했다. "우리 결혼은 허울뿐이에요. 정을 못 느끼겠어요." 그녀는 오랫동안 외로움을 느꼈던 것으로 보였다. 남편은 대부분 외부에서 시간을 보내거나 밤늦도록 사무실에 있었다. 남편이 집에 있어도 마찬가지였는데, "정신없이 바빠요, 아무 말도 안 하고 나와 애들에 대해 궁금해하지도 않죠. 내가 이것저것 알려줘도 관심 없어 보여요" 하고 아내는 말했다. 1년 전쯤, 아내가 남편의 무관심한 행동에 대해 따졌을 때 남편은 폭발했다. "내 '일'이 당신과의 관계보다 더 보람 있어. 차라리 밖으로 떠도는 게 '더' 낫다고." 그녀는 망연자실했고 우울증이 더 심해졌으며, 간신히 하루하루를 버텼다. 고등학교에 다니는 두 자녀는 점점 더 그녀의 손길로부터 멀어졌고 각자의 방에서 텔레비전을 보거나 컴퓨터와 전화기만 붙든 채 필요할 때면 주방에 잠깐 모습을 드러낼 뿐이었다. 얼마간의 상담 끝에, 그녀는 어머니 또한 그녀를 '떠난 상태'라고, '치매를 앓고 있는 상태'라고 말했다.

존슨 가족은 모호한 상실로 가득 차 있었다. 남편이나 아내 모두, 존슨 부인에게서 분명히 드러나는 우울한 증세 너머의 감정들에 정확히 이름 붙이지 않았지만, 서서히 번지는 그 모호한 상실로 인해 모든 가족 구성원들이 타격을 받고 있었다. 결혼 생활은 공허했고 가족들도 마찬가지였다. 아내의 우울증을 완화하기 위해서는 가족 구성원의 전체 참여로 치료 방법을 변화시키거나(자녀들은 기꺼이 응했고, 남편은 거부했으며, 그녀의 어머니는 참여조차 불가능했다) 혹은 그녀 스스로 변화하고 자신을 둘러싼 상황의 모호성을 받아들이는 방법을 배워야 했다. 하지만 다행히 중간 지대가 있었다. 부인은 자신에게 '돌이킬 수 없을' 정도로 상실된 상태로 남은 (그리고 그들을 위해 애도할) 사람이 누구인지 스스로 명확히 할 필요가 있었고, 그녀와의 관계 속에 여전히 존재하는 사람은 누구이며, 자신을 힘들게 하거나 활력을 주는 사람이 누구인지 살펴보고 새롭게 관계를 정립하거나 재수정했다. 이 과정에서 나는 지난 수년간 모호한 상실의 파괴적 영향에 대해 얻은 지식을 활용했고, 결과적으로 이는 부부와 가족 치료의 기초가 되었다.

| 모호한 상실 연구 |

모호한 상실의 현상을 확인할 수 있었던 연구의 시작은 베트남과 캄보디아에서 전쟁 중 실종된 조종사의 가족들과 함께 진행되었다. 샌디에이고에 있는 미국해군보건연구소 전쟁포로연구센터 연구원들과 공동 연구를 하고 있던 1974년의 일이었다. 우리는 실종된 조종사 아내들을 그들의 집에서 인터뷰했는데, 복합적인 상실 속에 놓여 있는 그녀들

로부터 모호함의 치명성에 대해 처음으로 알게 되었다. 나는 모호함 속에 시달리며 (대부분은 평생에 걸쳐) 살아온 그들의 고통을 어떻게 최소화할 수 있을지 고민했다. 실종에 대한 정보가 많지 않았을 뿐만 아니라, 공식적인 실종 확인서도 없었다. 작전 중 실종MIA된 가족들 47명과의 인터뷰는 캘리포니아, 하와이, 유럽에서 각각 진행되었다. 인터뷰 결과, 아내들이 실종된 남편을 여전히 심리적으로 가족 안에 존재하는 사람이라고 인식할 때, 자신과 가족들에게 부정적인 영향을 끼치고 있음을 알 수 있었다. 정서적인 지원과 의사 결정에 도움을 얻기 위해 작전 중 실종된 남편을 심리적으로 계속 곁에 두었을 때, 가족 간의 갈등 지수는 더 높아지고 기능 지수는 떨어졌다.

한 가족의 예를 들자면, 제멋대로 행동하는 자녀들에게 언제나 "아버지가 집에 올 때까지 기다려"라고 말함으로써 훈육의 효과가 저하되었다. 다른 경우는, 남편이 언제나 재정 관리를 해왔기 때문에 아내는 재정적 결정을 미뤘다. 남편이 돌아올 거라는 증거를 찾는 일을 포기하고 새로운 관계 모색에 나설 때, 전반적으로 아내의 정신 건강은 회복되었다. 이는 상실의 대상이 (육체적으로가 아닌) 심리적으로 존재할 때, 모호한 상실이 고통스럽고 우울한 증상으로 이어진다는 것을 증명한 첫 번째 연구 사례였다. 또한, 심리적 가족도 존재하기 때문에 육체적 존재나 부재 여부가 가족 중에 누가 함께 있고 누가 빠져 있는지의 기준이 되지 않는 것으로 나타났다. 이러한 조사와 다른 연구들의 결과로 미루어 볼 때 모호한 상실은 사람들이 직면하는 가장 어려운 형태의 상실이며, 가족 구성원의 부재와 존재의 기준은 육체적 실체뿐만 아니라 심리적인 것도 포함한다는 논제를 뒷받침한다.

오늘날, 베트남전쟁만 놓고 보더라도 여전히 2,000여 명이 넘는 가족들이 사랑하는 가족의 소식을 기다리고 있다. 가끔 정치적 기류가 허락할 때, 시신 일부—치아나 뼛조각—들이 하나둘 집에 도착한다. 하지만 법의학 전문가들의 검증에도 불구하고 그러한 신체의 미세한 조각들이 살아 있는 사람의 것일 가능성도 있으므로 어떤 가족들은 시신 일부가 실제로 실종된 가족의 것이라고 믿지 않거나 그가 정말 죽었는지 확신하지 못한다. 그러나 기다림에 지친 많은 다른 가족들은 결국 그 작은 조각들이라도 가족의 것이라고 여기며 장례식을 치른다. 상징적인 종결이 아무 형식 없는 마무리보다 낫다. 그러나 또 어떤 사람들은 그런 식의 종결을 거부하며 국내와 베트남 정부 관계자들에게 계속해서 조사하라고 압박을 가한다.

1987년, 나는 육체적 부재의 상실을 겪는 가족들의 일상에서 내 이론을 입증하기 위해 최근에 고등학교 졸업 후 집을 떠난 자식을 둔 140명의 중년 부모들을 조사했다.[3] 주로 유럽계 중산층 가정들이었다. 그들은 이 연령층의 자녀가 집을 떠나는 것을 뚜렷한 인생의 전환점이라고 여기기보다 성장한 자녀가 가족의 안과 밖에서 동시에 살아가는 모호한 변화로 인식했다. 나는 부모들이 집 떠난 사춘기 10대 자녀들과 여전히 한집에 함께 존재하는 것으로 강하게 인식할수록, 더 많은 고통을 경험한다는 것을 알게 되었다. 구체적으로, 자녀에 대해 많이 생각하고 그리워하고, 어디서 무엇을 하고 있는지 궁금해하고, 집으로 돌아오기를 바라며, 자녀가 성장했다는 것을 받아들이기 어려워하는 부모일수록 부정적 성향, 질병, 불안, 우울증과 밀접한 관련이 있었다. 시간이 지날수록 상실에 대한 집착은 줄어들지만, 아버지들이 어머니들보다 우울증, 불면증, 요통, 두통, 위장병 같은 증세를 더 많이 보였고, 이는 '빈 둥지 증후군'이 아버지들에게 더 큰 영향을 미친다는 사실을 암시했다. 사실, 연구 대상의 어머니들—대부분 가정주부거나 시간제 직장인—은 자녀가 집을 떠난 것에 대해 종종 기뻐하지만, 아버지들은 자녀들과 더 많은 시간을 보내지 않은 것에 대해 유감을 표했다. 어머니들보다 아버지들이 집을 떠난 자식들에 대한 심리적 집착을 더 보여주었다.

자녀가 집을 떠난 것에 대한 상실감을 줄이려면, 부모들은 그 자녀에 대한 인식을 바꾸어야 한다. 딸이나 아들이 성장하면, 가족사진도 반드시 그 변화를 겪는다. 의존적이었던 자녀는 이제 젊은 어른이니 그에 걸맞게 대해야 한다. 성장한 자녀들과의 관계는 부모가 가족 안에 누가 남고 누가 떠났는지 인식하는, 긴 변화의 시간과 맞닥뜨리는 지속적인 도전의 좋은 예이다. 이것은 특히 자녀들의 진학, 취업, 연애, 결혼, 출산 그리고 결국 자신들을 돌봐줬던 사람들을 그 자신이 돌보아야 할 때와 같이 인생의 전환점이 되는 시기에 중요하다.

1986년부터 1991년까지, 나는 사랑하는 가족의 심리적 부재에 대처하는 가족으로까지 연구의 초점을 넓혔다. 알츠하이머병을 앓고 있는 환자를 둔 70명의 가족이었는데, 대부분 중서부 북부 출신이었다. 환자의 치매 심각성과 병간호하는 가족들의 우울증 증상과는 서로 관계가 없었다. 오히려 가족 간 병인들이 환자를 '부재' 또는 '존재'로 인식하는 정도의 차이가 우울증 증상으로 예측되었고, 이 연관성은 내가 처음 가족을 방문한 지 3년 후에 더욱 강하게 드러났다.[4] 작전 중 실종자 가족들 연구처럼, 치매를 앓고 있는 가족을 '있는데, 없는' 것으로 느끼는 가족 구성원들은 일반적인 상실을 겪은 사람들보다 심리적으로 훨씬 더 고통 속에 있다는 사실이 발견되었다.

심리적 부재에서 오는 모호한 상실은 약물이나 알코올의존 같은 다른 만성적인 정신질환과 싸우고 있는 가족들에게도 나타난다. 환자는 살아 있지만 그들의 정신은 온전치 못한 것이다. 치매와 마찬가지로, 가족들은 집 안에 지킬 박사와 하이드가 있는 것처럼 환자가 언제 어떻게 변할지 예측할 수 없어서 "달걀 껍데기를 밟고 사는 법"을 배운다. 이 상황을 말기 질환 환자를 둔 가족들에게로 확대해보자면 이제 죽음은 기술적으로 연장할 수 있어서 어떤 가족들은 장례식 전에 이미 눈물이 다 마를 정도로 고통 속에 있다.

미묘하지만 이에 못지않게 확실한, 심리적인 부재로 인한 상실의 예도 있다. 내가 부부 상담을 할 때 종종 접하는 경우인데, 한쪽이 외도를 하거나 또는 오늘날 그보다 훨씬 더 흔한 경우로 상대가 집 밖에서 일에만 몰두할 때 느껴지는 상실이라고 할 수 있다. 존재의 일부만 함께하므로 관계가 위협받는 것이다. 어떤 이유에서든지, 심리적 부재로 인한 모호한 상실은 육체적 부재로 인한 고통처럼 다양한 상황에 부닥친 부부와 가족들에게 고통을 주는 범인인 셈이다.

| 문화적 차이 |

　심리적 상실과 육체적 상실 두 가지에 관해 연구하면서, 언제부터인가 알츠하이머병 환자 보호자 연구에서 발견한 것들이 미국 문화에 중점을 둔 해석은 아니었는지 생각하게 되었다. 가족들이 알츠하이머병 치료와 상관없는 모호한 상실에 대해서는 어떻게 반응할 것인지 궁금했다. 그래서 나는 가족 중에 치매를 앓고 있는 노인을 둔 미네소타 북부 지역 아니시나베* 여성들 몇을 만났다. 샐비어가 달콤한 향을 풍기는 곳에 둥글게 모여 앉아 그들의 이야기를 듣기 시작했다. 이 여성들은 상황을 수긍하고 영적으로 질병을 받아들이는 태도를 보임으로써 치매를 앓고 있는 부모로부터 느끼는 심리적 부재를 이겨내고 있었다. 아니시나베 여성들은 그들의 부모가 좋은 의사를 만났는지, 제때 약을 먹는지 챙겼다. 그리고 동시에, 그들은 자연이 그들에게 준 도전을 받아들였고 노인의 질병을 생로병사로 인한 자

---

*　Anishinaabe. 미국 중북부와 캐나다 남부에 사는 아메리칸 인디언 부족.

연의 일부로 여겼다. 한 여성이 말했다. "나는 그냥 일어나야 할 일이 일어났다고 믿어요. 그렇게 의도된 일이기 때문이죠. 지금 일어나는 일도 그런 거예요. 내 어머니도 비록 모든 나쁜 상황 속에 놓여 있지만, 의도된 그대로 살아가고 있는 셈인 거죠. 나는 별로 개의치 않아요. 멀리 내다보면 항상 좋은 결과가 따라와요." 다른 여성은 이렇게 덧붙였다. "우리는 평생 알고 있던 어머니를 잃었어요. 그렇지만 나는 이제 어머니가 자식이 되고 내가 어머니가 됐다고 여기기로 했어요. (……) 어머니를 위해 장례식을 열었어요. 내가 알고 있던 어머니는 이제 다시는 존재하지 않으니까요." 이 여성의 목표는 상황에 빠져서 허덕이기보다 그들의 인내와 유머로 자연의 순리에 화합하는 것이었다. 그리고 모호함에 대한 그들의 위로가 내게는 새로운 탐구의 길을 열어주었다. 모호한 상실이 꼭 파괴적일 필요는 없음을 그들로부터 배운 것이다.[5]

아니시나베 여성들이 만성적 질병에 대처할 수 있었던 이유는 인생이란 자신의 삶을 받아들이고 그들 자신마저 기꺼이 바치는 신비스러운 수수께끼라고 믿었기 때문이다. 이 믿음은 아니시나베의 아침 기도문에 분명히 드러나 있다. "하루 속으로 한 걸음, 자신 속으로 한 걸음, 신비한 수수께끼 속으로 또 한 걸음." 그 여성들은 사랑하는 병든 가족과 간병인인 자신들에게 앞으로 무슨 상황이 펼쳐질지 모르는 것이 오히려 편했다. 그런데 대부분의 내 환자들은 이들과 달랐다. 대학이 밀집한 도시에서 가족심리상담사로 일한 내 경우를 보자면, 문제에 직면한 사람들은 해결책을 찾고 앞으로 나아가고 싶을 때, 대부분 정보에 의존하는 성향을 보였다. 모호함이 그들을 불안하게 만들기 때문이다. 물론 영적 믿음이 있는 도시 거주자들도 만났는데, 그들은 아니시나베 인디언 보호구역 여성들처럼 모호한 상실을 경험해도 회복력을 유지하는 경향을 보였다. 더 많은 연구가 필요하겠지만, 모호함에 대한 저항력의 차이는 개인의 성격에 좌우되는 것이 아니라 영적 믿음과 문화적 가치와 관련이 있음을 암시한다. 믿음의 출처가 어디에 있든, 그러한 믿음과 가치는 회복될 기미가 없는 질병이나 불분명한 상실 속에서 분명한 해결책을 찾으려는 우리의 욕구를 조절하는 데 도움을 준다. 그러한 회복력이 없다면, 사람들은 통제 불가능한 상황에 직면하고 무너지고 말 것이다.

모호한 상실을 표시하는 의식들을 통해 모호함을 수용하는 문화의 지표를 엿볼 수 있다. 미국에 그런 표식들이 몇 개 있다. 이별 같은 힘든 경험을 한 사람들에게 응원을 담아 보내는 카드들도 최근*에야 등장했다. 병원에서 유산과 신생아 사망을 애도가 필요한 확실한 상실로 인식하기 시작한 것도 최근의 일이다. 과거에는 신생아 사망률이 매우 높았기 때문에 신생아 사망에 따른 상실을 인식하지 못하는 것이 타당한 것으로 받아들여졌다. 거의 모든 문화에서는 부모로 하여금 자녀가 생존할 기미가 확실하게 보일 때까지 애착을 유보할 것을 부추겼다. 그러한 믿음들이 받아들여지던 시대가 있었지만, 오늘날의 여성들에게 유산을 경험하거나 사산아를 출산했을 때 아무 일도 일어나지 않은 것처럼 행동하기를 기대한다는 것은 역기능적 판단이다.

---

* 이 책은 1999년 처음 발간되었다.

미국에는 세상을 바라보는 주류의 견해가 사회 지배적인 경향을 보인다. 우리가 바라보는 세상은 노력과 결과가 일치하는 공정하고 논리적인 장소라고 가정하기 때문에 우리는 자신의 운명까지 스스로 지배할 수 있다고 믿게 된다. 좋은 일은 착하고 열심히 일하는 사람들에게 일어나고, 반대로 나쁜 일은 우리가 잘못했거나 충분한 노력을 기울이지 않았을 때만 일어날 것이라고 여긴다. 이러한 철학적 사유는 사람들이 모호한 상실과 같이 해결할 수 없는 문제에 직면했을 때 과중한 스트레스를 초래한다.

상실에 대처할 수 있도록 돕기 위해서는, 먼저 미지의 것을 받아들이는 수용성 정도를 반드시 이해해야 한다. 가족 구성원들, 이웃들, 심리상담사들이 대화를 통해 상실로 고통받는 자녀나 어른의 삶에 의해 가족들 중 영향을 받거나 받지 않은 이가 누구인지 살펴보고, 필연적인 모호함에 어떻게 대응할 것인가에 대해 함께 공감대를 형성해야 한다. 이러한 의사소통의 필요성이 배우자 사이에도 유효한 것은 개개인이 다른 믿음과 가치관으로 사회화되었기 때문이다. 그들은 분명히 다른 경험의 시간을 통과해왔을 것이다. 따라서 남편과 아내는 자녀가 실종되었을 때 다르게 반응할 수 있다. 가족 구성원들도 성별과 세대에 따라 불분명한 상실을 해석하는 방법이 종종 다를 수 있다. 목표는 어느 정도의 의견 수렴에 도달하는 것이다. 만약에 부부나 가족이 그들을 둘러싼 상실의 모호함을 이해하려고 노력하지 않는다면 일상생활에 필요한 작은 결정마저도 점점 힘들어질 것이다. 그런 상황 속에서 가족생활 관리는 어렵거나 불가능하다.

나는 미지의 것을 받아들이는 어느 부부의 사례를 기억하는데, 이는 독립적으로 스스로 상황에 익숙해져야 한다고 사회화된 우리에게 좋은 본보기이다. 그들의 자녀는 죽어가고 있었고 그럼에도 그들은 "엎지른 물은 다시 못 담는다"는 것을 받아들이는 법을 배웠다. 그들은 딸과 자신들을 위해 꿈꿔왔던 계획에 연연하지 않았고 자신을 비롯해 서로를 탓하지 않았다. 딸의 삶이 얼마 남지 않았다는 것을 받아들이면서도 여전히 함께 있음을 느끼며 마지막 날까지 온전히 딸의 곁을 지켰다. 되돌릴 수 없는 상실과 직면할 수 있을 때, 우리는 결국 있는 그대로를 받아들일 수 있다.

| 가족 스트레스 관점 |

사람들이 직면하는 상실 가운데 가장 많은 스트레스를 유발하는 것이 모호한 상실이다. 이로 인해 제대로 기능하는 가족 구성원의 수가 점점 줄어들며 결국에는 누군가가 '느슨한' 부분의 역할을 대신해야 함으로써 가족 전체를 혼란에 빠트린다. 이뿐만이 아니다. 모호함과 불확실성은 특수한 형태로 가족 역동성*을 혼란스럽게 만들고, 사람들은 그들의 가족과 그 안에서의 역할에 의문을 품는다. "남편이 실종된 지 수십 년이 지났는데, 나는 아직 유부녀인가, 아닌가?" "자녀 하나를 입양 보냈는데, 내게 자녀가 몇이라고 물으면 어떻게 대답해야 하지?" "배우자가 치매로 날 못 알아보는데 우리는 아직 부부

---

*   가족 구조 내의 구성원 사이에서 발생하는 상호 작용을 이르는 말.

인가?"

상담자들이 종종 나에게 말하기를 그들의 정체성, 역할, 그리고 관계성은 모호하고 불분명한 것보다 분명하고 확실한 게 좋다고 한다. 그들은 가족 간에 지켜야 할 규칙이나 의식들이 명확하기를 갈망한다. 미니애폴리스 어느 코미디 극장에 걸린 홍보 현수막의 "스트레스 받았는데 갈 곳이 없네"라는 글귀를 보면 모호함의 결과를 간결하게 요약한 연인이나 부부, 혹은 가족들의 경험을 떠올리게 한다. 사실 모호한 상실은 사람들을 꼼짝 못 하게 만들고 앞으로 나아가는 것을 방해한다.

모호한 상실로 인해 스트레스가 심한 가정은 해결책을 찾기 위해 혼자 남겨지는 경우가 너무 많은데, 죽음같이 확실한 경우만 상실로 인정하는 주변의 인식과 의식 때문이다. 그런 상황 속에 놓인 부부나 가족은 상실한 것과 그들에게 여전히 남겨진 것의 실체를 혼자 맞닥뜨리며 고민한다. 심리적인 혼란 가운데서 가족 관계나 부부 사이를 복원하고 새로운 일상을 관리해야 한다는 것은 무리한 요구다.

현재 치료 과정에 적용하고 있는 가족 스트레스

관점 연구는 모호한 상실 속에서도 삶을 관리하는 법을 배우는 가족들을 위해 예방 차원의 모델이 된다. 이에 접근하는 방법에는 몇 가지 가정들이 있다. 첫째, 스트레스는 단순히 변화 또는 변화의 위협으로 가족 안에서 발생한다. 이 변화는 평범할 수도 있고 치명적일 수도 있다. 어느 경우든, 대부분의 개인과 가족들은 자신들이 놓인 상황에 대한 충분한 정보를 제공받아 대처 과정을 진행할 수 있다면 스트레스를 관리하거나 심지어 위기에서 회복할 수도 있다. 이에 따른 의학적 개입이 언제나 필요하거나 유효한 것은 아니다. 모호한 상실이 만성 질환이나 장애로 인한 결과라면, 심지어 심리적으로 강한 가족들도 스트레스를 관리하는 도움이 필요하다. 전문 심리상담사들은 가족들이 아픈 게 아니라 상황이 그들을 그렇게 만든 것이라고 반드시 말해주어야 한다. 사람들은 단순하게 역기능적 방법에 적응한 것일 수도 있는데, 이런 가족을 기능 장애로 진단하는 것과는 매우 다르다. 나는 가족의 고통의 원인을 알아내기 위해 상담할 때면 불안, 우울증 또는 외부의 모호한 상실의 결과에서 온 육체적 증상까지 진단의 눈을 넓혀 살핀다. 그러한 시선으로 보면 힘든 상황에도 불구하고 어떻게 함께 잘 살 수 있는지 배우려는 그들의 열망은 증가하고 가족 내 거부감은 감소한다는 것을 발견할 수 있다. 내 말의 의미는 의사가 성격이나 인격 장애 혹은 다른 의학적인 상태를 무시해야 한다는 뜻이 결코 아니다. 오히려 나의 목표는 고통받는 개인과 가족들을 위해 외부 환경에서 일어나고 있는 일까지 살펴볼 수 있는 평가와 개입을 위한 질의 항목들을 진단 목록에 추가하자는 것이다.

둘째, 지속적인 스트레스는 개인이나 가족 모두에게 당연히 좋지 않지만, 모호함이 지속됨에도 불구하고 스트레스를 어떻게 '관리'해야 하는지를 배운다면 누구나 회복하고 성장할 수 있는 잠재력을 가질 수 있을 것이다. 가족 스트레스를 관리하는 방법을 가르치기 위한 나의 접근법은 정신 교육, 실험, 구조적인 작업까지 포함해 다양하다. 가족들에게 그들과 유사한 상황에 직면한 다른 가족에 대한 정보를 주고 함께 시간을 보낼 기회를 주며 이를 통해 더 나은 방향으로 재정비할 수 있도록 안내한다.

치매, 조현병, 조울증 같은 만성 정신질환에 시달리는 환자의 가족 상담을 의뢰받는 예도 있는데, 그들이 환자를 돌보며 느끼는 부재와 존재의 모호함으로 인해 생긴 스트레스를 관리할 수 있도록 돕는다. 나는 그런 치료를 받았던 한 가족을 분명히 기억하고 있다.

조증 증세가 있는 메리는 거의 제정신이 아니어서 그녀의 안전을 위해 입원하게 되었다. 두 번째 입원이었다. 10대인 그녀의 두 딸은 그로 인해 엄청난 스트레스 속에 있었다. 내가 그녀의 가족을 만나기 전, 메리의 병실 담당 정신과 의사가 급히 쓴 메모를 내게 건넸다. "이 가족들 감정 표현은 널을 뛰어요. 아이들이 무사하게 지내려면 당장 메리의 증상으로부터 격리하거나 아예 외면하라고 말해야 해요. 아이들은 자신들조차 돌볼 수 없을 정도로 무기력해져 있어요. 아이들이 더는 받아들일 수 없을 정도예요. 나는 심지어 이런 말을 하면서까지 아이들을 안심시키려고 했어요. '그래, 미친 여자니까, 그래서 입원시킨 거잖아. 잘될 거야, 하루하루 좋아지잖아. 이겨낼 수 있어, 잘할 수 있다고.'"

자녀들의 고통은 이해하지만, 이런 방법은 메리나 딸들에게 도움이 안 된다. 스트레스 수치를 끌어내렸어야 했다. 그 후 몇 주 동안, 딸들은 엄마의 (그리고 할머니의) 병과 관련해서 어떻게 자신들이 그런 병에 걸릴 가능성을 최소화할 수 있는지, 그리고 어떻게 가족의 대화 유형을 개선할 수 있는지에 대해 이야기를 나눴다. 메리와 그녀의 딸들은 그룹 대화 방식을 통해 덜 비판적이고 더 긍정적이 되는 연습을 했다. 메리가 약을 먹지 않는다는 것과 앞으로 다가올 시간에 대해 딸들이 느끼는 두려움에 대해서도 의논했다. 딸들은 엄마와 할머니를 옭아매었던 병에 자신들도 걸릴지 모른다는 두려움을 털어놓았다. 우리는 엄마가 (혹은 딸들이) 우울해지거나 혹은 기분이 급격히 바뀔 때 취하는 행동 지침에 대해 명확한 계획도 세웠다. 병으로 인한 모호한 감정들을 관리하는 법을 알게 됨으로써 이 가족들의 스트레스를 낮추는 데 도움이 되었다.

내가 세 번째로 가정하는 것은, 모호한 상실을 겪고 있는 가족과 상담할 때에는 서로 정보를 공유해야 한다는 것이다. 비록 그 정보가 '어떠한 결과를 낳을지' 모른다 할지라도 서로 알고 있어야 한다. 심리상담사와 의사는 그들처럼 숙련된 전문가만이 질병이나 상실에 대한 기술적 사실을 이해할 수 있다고 여기는 경우가 너무 많다. 연구 논문은 전문지식이 없는 일반인에게 제공되지 않는다. 전문가들만이 그런 정보를 공유하고, 자료들을 읽고 싶거나 충분히 이해 가능한 가족들에게까지 알려주지 않는 건 우월감에 빠져 무례를 범하는 일이다. 의사는 상담자들과 지식을 공유함으로써 비록 그들이 모호한 상황에 놓여 있더라도 상황을 통제할 힘을 북돋아 줄 수 있음을 인식할 필요가 있다.

넷째, 모호한 상실은 정신적 충격을 줄 수 있다. 이런 해석은 해결되지 않은 슬픔의 증상이 외상후 스트레스 장애PTSD와 매우 흡사하다고 볼 수 있는 지점이다. PTSD는 보통의 인간이 경험하는 영역 너머의 상황으로 인해 심리적인 스트레스를 크게 받을 때 발생하므로, 충격은 진정되지 않고 수년이 지나도 계속 다시 경험하게 된다. 모호한 상실 또한 심리적으로 고통스러운 일이고, 위에 언급한 것처럼 PTSD를 일으키는 보통의 인간 경험 밖의 충격이므로 해결이 어렵고 정신적 외상을 초래한다. 그러나 모호한 상실로 인한 정신적 외상, 즉 모호함 그 자체는 경험 '이후'를 보여주는 심리가 아니라 현재에도 계속 존재한다. 모호한 상실은 일반적으로 장기적인 상황이고 정신적 충격을 주며 그 상태로 굳어지는 것이지, 플래시백 효과가 있는 일회성 사건이 아니다.

PTSD의 결과도 장기간의 모호한 상실과 똑같지는 않지만 흡사하다. 둘 다 우울증, 불안감, 정신적 마비, 악몽과 죄책감을 유발한다. 하지만 모호한 상실은 희망과 절망을 번갈아 오가며, 가족들의 묘사처럼 롤러코스터를 타듯 트라우마를 지속시키는 특징이 있다. 사랑하는 가족이 사라졌다가, 보였다가, 그리고 다시 사라지는 악순환을 겪는다. 혹은 가족 구성원이 죽어가다가, 다시 차도를 보이다가, 결국 질병의 완전한 힘 앞에 승복한다. 희망이 한껏 부풀려지다가, 다시 심리적으로 무너지면서 사람들은 더이상 반응하지 않게 된다. 마치 동물들이 초기 전기 충격 실험 때 더 이상 고통을 피하려 하지 않고 무기력하게 우리 안에 누워 있는 것과 같은 이치다. 사람들은 자신이 이해할 수 없는 일로 트라우마를 겪을 때 무기력감을 느끼며 더 이상 행동하지 않는다.

지금까지 가족 스트레스 관리에 초점을 맞추었지만 개인 및 그룹 치료의 가능성까지 배제한 것은 아니다. 내가 중점을 둔 것은 부부나 가족이 서로 대화를 통해 상황 인식과 감정을 공유하고, 사랑하는 이에게 아직 '현재'로 남아 있는 부분을 남은 가족들이 어떻게 기쁘게 받아들이고, 또 상실한 부분은 어떻게 애도할 것인가에 대한 합의를 끌어낼 수 있도록 돕는 것이다. 그들은 자신의 이야기를 들어주고 도움을 줄 누군가에게 말함으로써, 애도의 과정과 함께 앞으로 나아가는 것이 필요하다는 확신을 얻는다. 그들의 믿음이나 가치 또는 선호하는 이론과 상관없이 그들에게 적절한 소통의 방식을 취한다면, 모호한 상실로 고통받더라도 잘 이겨내는 법을 배울 수 있을 것이다.

2장

예상치 못한 이별

부재는 언제나 존재한다.

—캐럴 실즈, 『스톤 다이어리』 중에서

어느 해 초봄 워싱턴 D.C.에 있는 베트남전쟁기념관을 방문했을 때, 나는 수많은 학생과 관광객들을 비롯해 여전히 슬픔에 잠겨 있는 실종자의 친척들에게 둘러싸여 있었다. 내가 특별히 관심을 두고 살펴본 것은 실종된 군인들의 이름들, 즉 작전 중 실종자들이었다.

그들은 집으로 돌아오거나 혹은 죽은 채 발견된 전쟁포로들과는 달리, 여전히 '행방불명' 상태로 남아 있다. 가족들은 그들이 죽었는지 살았는지 모르는 채 특별한 종류의 고통을 안고 견디며 살고 있다. 나는 침묵 속에 끝없이 길게 나열된 이름들 앞을 지나다가 파란 머리 리본과 카멜 담배 한 갑, 그리고 실종된 남자의 이름 아래 쓰인 손글씨 메모를 발견했다. "너를 생각하지 않는 날이 없단다"라는.

사람들은 사랑하는 이의 죽은 몸을 눈으로 직접 봐야 상실을 현실적으로 받아들인다. 대부분의 실종자 가족들은 죽음에 대한 그러한 검증을 통과한 적이 없으므로 부재나 존재에 대한 그들의 인식 변화 과정에서 더 큰 어려움에 직면한다. '작전 중 실종'으로 분류된 이 군인들의 친척들에게도 베트남전쟁기념관조차 죽음의 확실성을 안겨주지 않는다.

내가 연구했던 실종 군인 가족들의 불확실성은 극심하고 지속적이었기 때문에 종결점을 찾기 어려웠다. 그들은 종종 규칙적으로 답답함을 느끼며, 가끔 병사들 일부가 살아 있다는 뉴스를 접할 때마다 아물기 시작한 슬픔을 다시금 느낀다. 상실이 불확실한 상태로 가족들에게 남아 있으므로 애도를 끝낼 수 없었다. 내 연구 결과에 따르면, 실종된 병사의 아내들은 가족의 기능을 유지하면서도 감정적인 자기희생을 감수하는 경우가 많았다. 나는 특히 모호한 상실에 대한 아내들의 '인식'에 관심이 있었다.

그들은 이 상황을 어떻게 받아들일까? 그들은 이런 상황에도 불구하고 어떻게 대처하고 앞으로 나아갔을까?

수년 전 동남아에서 비행기 격추 사고로 실종된 조종사의 부인을 캘리포니아에서 인터뷰할 기회가 있었다. 긴 설문지 작성을 마친 후, 그녀가 막 집을 나서는 내게 들려주었던 이야기를 나는 결코 잊을 수 없다. 그녀는 나를 배웅하며 입을 열었다. 이미 내게 필요한 모든 대답을 들었다고 생각했기 때문에 그녀가 하는 말에 처음부터 귀를 기울인 것은 아니었다.

그녀의 남편이 총상을 입은 후 자신과 이야기를 나누기 위해 두 번 다녀갔다는 이야기였다. 남편이 처음 그녀를 찾아왔을 때, 그들은 집 주차장 앞에서 대화를 나눴다고 했다. 그는 집을 팔고 네 명의 자녀들을 위해 더 크고 학군이 좋은 곳으로 이사하라고 그녀에게 말했다. 또한 작은 차를 팔고 곧 10대가 되는 자녀들과 짐을 함께 실을 수 있는 스테이션왜건으로 차를 바꾸라는 말도 했다. 그녀는 그런 계획을 세워본 적이 없었지만, 그가 시키는 대로 그 모든 일을 실천했다. 그리고 약 1년 후, 남편은 두 번째로 그녀를 찾아왔다. 이번에 그들은 방에서 대화를 나눴다. 그는 그녀가 모든 걸 다 잘해줘서 몹시 고맙고 자랑스럽다고, 그리고 사랑한다는 말로 작별 인사를 남겼다. 그녀가 말했다. "그때 그가 정말로 죽었다는 걸 깨달았어요."

나는 그녀가 들려준 이야기 자체도 놀라웠지만, 남편이 자신을 정말 찾아왔다고 믿는 강렬한 확신이 오히려 더 경이로웠다. 그도 그럴 것이 나는 객관적인 자료, 객관적인 사실만을 기록하는 사회과학자로 교육받아 왔기 때문이다. 하지만 상징적 상호작용주의자인 윌리엄 토마스의 말을 빌리자면, 그녀는 자신의 이야기가 사실이라고 생각했기 때문에, 그런 결과 속에서 진실이었다.[1] 실종된 남편과 나눈 대화가 그녀에게 필요한 결정과 변화를 받아들이는 힘이 되었고 평온을 되찾을 수 있게 만든 것이다. 그의 상징적인 존재가 방향을 제시해주었고, 더 중요한 사실은 그녀가 한부모 가정의 가장으로서의 새로운 역할에 적응하는 데 필요한 시기였다는 점이다.

며칠 후, 그녀는 내게 자신이 인디언 보호구역에서 성장하였고 그곳에는 갑작스러운 상실에 대한 충격을 완화하기 위해 죽은 사람도 한동안 함께 '존재'하는 것으로 여기는 관습이 있다는 이야기를 전했다. 실종된 남편의 상징적인 존재에 대한 그녀의 믿음은 중요한 교훈이다.

그때 비록 그녀의 이야기가 '확실한' 자료를 수집하기 위한 나의 연구 조건에 부합되는 것은 아니었으나, 나는 '그녀에게 실제로 일어난 일'로 받아들일 수 있었으며, 그녀와 자녀들이 일상을 회복하는 데 도움이 되었을 것으로 여긴다. 그녀의 이야기는 내가 생각하고 연구하는 방식 자체를 영원히 바꾸어 놓았다.

위의 사례처럼 실종된 조종사의 아내는 가족의 모호한 상실에 적응할 방법을 나름대로 찾았지만, 많은 사람이 그런 결과를 맞는 것은 아니다. 그들의 슬픔은 해결되지 않은 채로 남겨져 극복되지 못한다. 때때로 사회 전체가 그런 종류의 상실에 영향을 받기도 했다.

1958년 헝가리 국민들에게 총애를 받던 총리 너

지 임레*가 사라졌다. 그가 총에 맞았다는 소문이 돌았지만, 공식적으로 부인됐고 무덤은 없었다. 1989년이 되어서야 너지의 운구용 시신이 제작되었고 그를 기리는 장례식이 거행되었다. 사람들은 비통함을 쏟아내며 모여들었고 마침내 국가의 모호한 상실이 종결되었다.

국가적 차원에서도 치유는 어느 정도의 명료한 조치들이 필요하다. 시신이 만들어지고, 장례식이 치러지고, 그리고 사회 전체의 애도로 받아들여지는, 제대로 된 조치들이 이루어질 때 사람들은 비로소 상실감을 내려놓을 수 있다. 그러나 종종 죽음을 입증하는 증거는 비참하다. 1975년부터 1979년, 크메르 루주**를 이끌었던 폴 포트*** 정권이 권력에서 물러날 때까지, 14,000명 이상의 캄보디아 죄수들이 감금, 고문, 살해되었다. 나치와 마찬가지로, 크메르 루주 역시 사진이 들어 있는 사망자 명단을 가지고 있었다.[2] 오늘날 실종자의 가족들은 '킬링필드'

---

* Nagy Imre(1896~1958). 헝가리 전 수상. 소련에 대항하여 혁명을 주도함.
** Khmer Rouge. 캄보디아의 급진 공산주의 단체.
*** Pol Pot(1928~1998). 국민 대학살을 자행한 캄보디아의 독재자.

라는 제목이 붙여진, 처형 직전 겁에 질린 사람들의 사진 같은 끔찍한 기록을 그들의 죽음을 확신하는 유일한 증거로 여긴다. 그러한 기록은 실종을 확실한 죽음으로 받아들이게 함으로써 유족들에게 약간의 도움이 될 수는 있겠지만, 나치의 홀로코스트 희생자들의 기록과 마찬가지로 공포감을 덜어주는 것은 아니다.

불가사의한 실종은 항상 전쟁과 정치적 갈등의 결과이다. 미국 원주민, 유대인, 러시아인, 몽족, 캄보디아인, 티베트인, 보스니아인, 르완다인 모두 거의 전멸되었거나 뿌리째 뽑힌 트라우마의 역사를 공유하고 있다. 르완다 분쟁 기간 의료 종사자인 에메리타 우위세이야마나는 남편과 자녀들부터 분리되었다. 난민 생활 2년 반 후에, 그녀는 자녀들과 만날 수 있었지만 그녀의 불안은 계속된 채 울부짖는다. "남편 소식을 기다리고 있어요. 나는 단지 남편이 죽었는지 살았는지 알고 싶을 뿐이에요."[3] 이런 이야기들은 흔하다. 작별을 고하지 못하고 불가사의하게 사라진 사람들은 계속해서 생존자들과 그 이후 세대 사람들을 따라다닌다.

미국의 모호한 상실의 유산에는 또한 사회적 트라우마가 담겨 있다. 무력으로 미국 해안에 끌려온 아프리카인들은 결혼 생활과 가정을 보존하지 못한 채 팔려나갔다. 알렉스 헤일리의『뿌리』에서 보듯 남편과 아내와 자녀들은 함께 지내기 위해(몸이 함께하지 못한다면 마음이라도) 끝없는 투쟁을 벌인다. 치명적이고 모호한 상실 속에서도 그들이 가진 오랜 회복력의 역사를 고려할 때, 현대 아프리카계 미국인 가정들이 유럽계 가정들보다 훨씬 더 유연한 경계로 가족을 정의하는 것은 놀라운 일이 아니다.

가족심리상담사와 연구원들이 해결되지 않은 상실을 겪고 있는 사람들과 상담할 때, 새로운 애착 형성 및 가족 재구성에 대한 그들의 저항을 병리학적 병명으로 표기하는 건 피해야 한다. 그들의 반응을 적응 기능 장애로 볼 수 있지만, 그 사람이나 가족이 기능 장애 병증을 앓고 있다고 말하는 것과는 다른 것이다. 불분명한 상황 속에 남겨진 가족들은 실종된 사람이 언젠가 돌아올 것이라는 희망을 버릴 수 없으므로 당연히 현재 상황에 집착한다. 심지어 그들이 속해 있는 사회와 교회, 그리고 의료 전문가들조차도 증명되지 않은 상실을 다루는 데 익숙하지 않기 때문에 종종 의도치 않게 그들의 슬픔을 가중하는 결과를 초래한다. 이렇듯 주변에 명확한 상실로 받아들여지기에 부족할 때, 가족들은 각자 남겨진다. 실종된 조종사의 아내처럼 모호성에서 벗어나는 길을 스스로 찾아야만 한다.

가족들의 일상 속에 남겨진 불분명한 작별 인사 또한 전통적인 상실 범주 밖에 있지만, 여전히 고통은 계속된다. 이혼, 입양, 이주, 상대의 지나친 일중독과 연관된 상황 속에서 느끼는 빈번한 상실감이 그런 종류에 속한다.

예를 들어 이혼은 양육권 없는 부모에 대하여, 존재 또는 부재에 관한 혼란을 키우기 쉬운 토대를 제공한다. 가족사진은 누가 가족이며 누가 가족이 아닌가를 상징하는 것으로 잘 알려져 있으므로, 이혼과 재혼 후 바뀐 가족 형태로 인해 종종 내부의 혼란이 담긴 기록이 된다. 전문 사진작가에게 이혼한 배우자를 가족사진에서 삭제해달라거나, 몇 년이 지난 후 자녀들이 부재중인 부모의 얼굴을 다시 넣어

달라거나 하는 요청이 증가하고 있다. 그뿐만이 아니다. 결혼사진을 전문으로 찍는 사진사들도 신부와 신랑이 이혼한 부모와 부모의 재혼 상대와의 결혼식 사진을 종종 따로따로 요구하기 때문에 두 배나 많은 사진을 찍는다.

가정 내 이혼은 이제 너무 흔해서, 만약 모호한 상실로 여겨지더라도 모든 가족 구성원들로부터 더 쉽게 이해받고 관리될 수 있다. 무언가를 잃었지만, 여전히 그곳에 남겨진 것이 있다. 즉 결혼은 사라졌지만 '부모 노릇'은 계속 남는다(양쪽 조부모 역할도 계속되기를 바라는 경우도 있다). 자녀들에게 "엄마와 아빠는 이제 서로 사랑하지 않지만, 항상 너를 사랑한단다"라고 말하는 것보다 건강한 접근법은 이혼으로 인해 그들의 삶 속에 무엇을 잃었고 무엇을 슬퍼해야 하는지, 또한 무엇이 계속 이어지는 연결고리로 남아 있는지 확인시켜 주는 것이다. 자녀들은 부모가 던진 위로의 말을 신뢰하는 데 대체로 어려움을 겪는다. 그들은 자신들이 무언가를 상실했다는 것을 이미 안다. 부모들도 그것을 인정하고 이혼 후에도 변함없이 남겨진 것들로 인해 혼란스럽다고 말해주는 게 좋을 것이다. 덧붙이자면, 아이들과 어른들은 그들이 경험하고 있는 모호함에 이름이 있다는 것을 알게 되면 안도한다. 문제는 이혼이 아니라(많은 가정의 이혼은 그 자체로 해로운 영향을 주지 않는다) 모호함과 해결되지 않은 상실감이 이혼과 함께 동반된다는 데 있다. 이혼과 관련된 상실은 죽음으로 인한 상실보다 복잡한 경우가 종종 더 많은데, 전자는 본질적으로 불분명하기 때문이다. 모호한 상실의 개념은 자녀와 어른들 모두에게 그들의 상황을 이해하고 이혼과 함께 더 기능적으로 사는 방법을 배울 기회를 제공한다.

내 경우를 이야기하자면, "이혼은 절대 완성될 수 없습니다!"라고 말한 가족심리상담사 칼 휘태커*의 말을 처음엔 거부했었다. 하지만 몇 년 후 이 말이 사실이라는 걸 깨달았다. 전남편과 내가 아들의 결혼 축하파티 공동 주최자로 참석했을 때, 전남편이 우리 둘 공통의 지인의 부음을 전했을 때, 전남편과 내가 서로의 배우자를 데리고 내 딸의 명절 저녁 파

---

*   Carl A. Whitaker(1912~1995). 미국의 의사로 심리치료의 선구자이자 가족치료의 창시자로 손꼽힌다.

티와 생일 파티에 참석했을 때, 나는 휘태커의 말을 다시 떠올렸다. 오래된 관계는 간단하게 사라지는 것이 아니고, 심지어 수정된 가족사진 속에서도 우리는 대부분 계속 함께 존재했다.

이혼은 모호함과 더불어 사는 법을 배우게 되고 재혼은 완전히 새로운 기술을 필요로 한다. 먼저 누가 우리 가족이고 아닌지에 대한 인식을 수정하는 것이다. 이런 결정을 하기 위해 우리는 결혼식, 졸업식, 바르미츠바, 세례식, 또는 생일과 같은 특별한 가족 행사나 축하 의식에 누구를 초대할 것인지 자문하게 될 것이다. 그렇게 작성된 초대 손님 명단을 통해 우리가 '가족' 또는 '양부모'로 생각하는 사람들이 누구인지 알 수 있으며, 또한 가족으로서 제외되는 사람들이 누구인지도 금세 드러난다. 요즘에는 이혼한 배우자와 그들의 새로운 배우자가 초대 명단에 자주 포함되기도 한다.

이 모든 것은 두 번째 기술, 즉 가족에 대한 절대적이고 정확한 정의를 내려놓을 수 있는 능력을 필요로 한다. 쉬운 일은 아니다. 가족에 대한 정의와 가치관은 사람과 지역에 따라 매우 다양하게 연관

되어 있기 때문이다. 그러나 우리는 우리의 생각보다는 훨씬 유연하다. 자매의 자녀를 데려다 키우는 것, 자녀가 성장하면 더 넓은 세상으로 떠나보내는 것, 심지어 이혼 후에도 부모로서 협력하거나 손주를 돌보는 일들은 그런 사실을 인식하는 데 도움이 된다. 가족 구성 안에서 그러한 탄력성은 가족을 약화시키기보다는 오히려 복원력과 유연성을 강화해 준다. 끝으로 결혼이나 재혼, 출생으로 새 가족 구성원이 생기거나 혹은 별거로 인한 공백, 이혼, 또는 죽음 같은 인생의 과도기를 겪을 때, 이러한 연속성과 변화는 주기적으로 가족의 일부가 누구인지 재고할 것을 요청한다. 재혼이나 이혼으로 인해 모호한 상태로 가족의 범주 안에 들어왔다 나갔다 하는 상황은 언제나 스트레스를 줄 것이다.

어떤 의미에서 보자면, 누군가는 이혼과 재혼을 위해 일부일처제의 개념을 포기해야 할지도 모른다. 두 번째 결혼이 시작될 때 첫 번째 결혼이 완벽하게 멈추지 않기 때문이다. 한 사람의 삶의 일부였다는 사실은 영원히 변하지 않는다. 사망진단서와 마찬가지로 이혼 판결은 결혼 생활의 좋고 나쁜 경험까지 삭제할 수 없고, 결과적으로 기억 이상의 차후 관계로 지속되는 경우가 많다. 그리고 특히 전 배우자와 공동으로 양육을 분담하는 부모에게 상대방은 물리적으로 종종 존재하기 때문에 이혼은 죽음과는 다른 종류의 결별인 것이다. 그러한 상황에 내재한 모호함을 감수하는 능력이 성공적인 재혼의 주요 비결 중 하나라고 할 수 있다.

임상 연구에서 만난 데보라는 존과 이혼한 지 2년이 넘었다. 그녀는 여전히 결혼의 연장선에 놓여 있다고 느꼈기 때문에 자신이 기혼자처럼 여겨졌고, 자신을 위한 새로운 삶을 찾지 못했다. "남편과 이혼했어요." 그녀가 말했다. "하지만 남편이 계속 내 삶으로 돌아와요. 아이를 데려가거나 데려올 때, 집으로 들어와서 이야기하고 싶어 해요. 심지어 커피를 달라고도 하죠. 그보다 더 웃긴 건 직접 찬장을 열고 커피 잔을 꺼내요. 아이들도 이상하게 생각할 정도예요. 정말 미치겠어요! 그가 계속 내 삶 속으로 돌아오는데 내가 어떻게 그를 잊을 수 있겠어요?"

"못 잊죠"라고 내가 말했다. "당신은 세 명의 자녀를 둔 20년 된 부부였어요. 남편을 못 잊을 거예요. 그래서도 안 되고요. 하지만 관계를 수정할 수는 있어요." 우리는 부모 관계를 계속 유지하되, 결별한 부부 관계의 경계선은 어떻게 설정해야 하는지에 대해 이야기를 나눴다. 데보라의 긴장을 완화시키기 위해 존과의 관계를 그녀의 삶에서 완전히 배제할 필요는 없었다. 오히려 그녀는 그가 자녀들과 원활한 관계를 유지하기를 원했다. 그는 좋은 아버지이고 그녀는 그의 도움이 필요했다. 하지만 그녀는 어떻게 관계를 분리해야 하는지 알아내는 데 오래 걸렸다. 그녀는 존이 '그녀'의 집과 '그녀'의 찬장에서 무엇을 하지 못하도록 정하는 데 어려움을 겪었다. 존과 오랫동안 함께 지내온 집에서 경계를 정하는 일에 익숙하지 않은 것이다. 시간이 지나면서, 데보라의 상담 시간에 다양한 사람들—그녀의 엄마, 언니들, 전남편 그리고 전남편의 재혼한 아내까지—이 함께 참석했다(그들은 주로 듣는 사람으로서 참석했고 나는 결별한 부부의 화해를 목표로 하는 상담이 아님을 먼저 확실하게 밝혔다). 데보라는 몇 번의 상담을 통해 결국 자신과 가족을 보다 명확하게 정의하게 되었다. 무엇보다도, 그녀는 존에게 초대받지 않는 한 집에 들어오지 말라고 분명히 말했다. 그는 불끈 화가 난 것 같았지만 나는 그의 재혼한 아내가 데보라의 제의를 열성적으로 지지하는 모습을 볼 수 있었고, 결국 그는 화를 가라앉힌 듯했다. 데보라도 만족한 듯 보였다. 존은 그녀의 삶에서 완전히 벗어난 존재는 아니지만, 그녀는 그가 언제 집에 들어올 수 있고 언제 들어올 수 없는지, 그리고 무엇이 끝났고 무엇이 계속되고 있는지에 대해 더 명확히 판단할 수 있게 되었다. 바로 이런 종류의 가족관계 수정을 통해 이혼과 재혼의 상황 속에서 평화와 조화를 얻을 가능성이 훨씬 더 커진다. 이혼한 가족이라고 해서 "파괴된 가족"이 될 이유는 없다. 원래의 가족에서 새롭게 재구성될 수 있는 것이다. 결혼 서약이 파기되었다고 모든 것을 잃는 게 아니다.

그러나 어떤 사람들은, 이혼 후 가족 내부에 있는 사람과 외부에 남겨진 사람이 갖는 경계의 모호함을 견디지 못한다. 그런 사람들을 위해 가벼운 '해결책'이 있다. 앞서 언급한 것처럼, 기술을 갖춘 사진작가들은 결혼이나 가족사진 안에 더 이상 남기고 싶지 않은 사람을 간단히 '지워내는' 방법으로 사람들의 결혼 역사까지 바꿀 수 있다. 많은 사람이 옛날 사진 때문에 불편한 경우 수정을 위해 고가의 비용을 흔쾌히 지급할 것이다.

모호함에 대한 이와 같은 불편함은 이혼 후에도 계속 연결된 가족들로부터 제기되었다. 그 가족은 여전히 가족 구성원이지만, 지금은 다른 가족 구조로 되어 있다. 예를 들어, '옛날' 가족사진이 자녀들을 위해 절대적으로 필요한 경우라면, 자녀들에게 가족이라고 생각하는 사람들을 추려서 콜라주를 만들도록 권해보는 것은 어떨까? 이런 방법이 사진 안에서 인위적인 자세로 불편하게 함께 있는 것보다는 차라리 더 정직한 것인지도 모른다. 사진들—콜라주도 마찬가지—은 그냥 상징일 뿐이지만, 결국 가족들은 가족을 이루는 구성원들이 누구인지 인식을 바꿔야 한다. 그래도 공식적으로 가족이었던 사람들과 친척들이 개인적으로 계속 연락하기를 원한다면? 안 될 이유는 없다. 가족에 대한 그들의 관점이 다른 사람들에게는 현실적이지 않은 것처럼 보일 수도 있지만, 그들에게는 진심이다.

입양의 경우, 종결되지 않은 상실감은 일상적인

상황 속에서도 찾아온다. 입양아보다 입양을 보낸 생모가 사실상의 분리를 더 의식한다고 할지라도, 둘 다 모호한 상실에 영향을 받을 수 있다. 입양아 역시 생모는 어디에 있는지, 잘 있는지, 또 어떤 사람인지 알고 싶어 한다.

양부모의 모호함에 대한 저항력을 살펴보기 위해 먼저 그들이 공개 입양을 했는지 아닌지를 살펴보는 것이 하나의 방법이 될 수 있다. 입양 기록을 자발적으로 공개하고 당사자들 모두 입양 사실을 아는 상태라면, 입양 가족들이 모호함을 극복할 가능성이 크고 심지어 아이의 생모에 관해 생각하거나, 나아가 그들의 삶 속에 포함시키는 게 가능하다. 비공개로 비밀을 유지한 채 입양한 경우, 부모들은 생모와 완벽한 무접촉을 선호한다. 그런데 연구원들의 조사 결과에 따르면, 생모는 입양 방식의 유형에 상관없이 입양 보낸 자녀와 그 자녀를 입양한 엄마 '두 사람'에 대해 자주 생각하고 마음속에 심리적인 존재로 간직한다.[4] 심리적 가족은 입양으로 인해 영향을 받은 사람들에게는 실제로 존재하는 것과도 같다.

나는 자신의 정체성 혼돈에 따른 모호함이나 친부모의 행방을 몰라 괴로워하는 입양아들을 상담해 본 경험이 있다. 정체성에 대한 욕구는 그들이 나이를 먹으면서 자신의 가족을 갖는 것에 대해 생각하기 시작할 때 가장 강렬해진다. 그들이 유연한 가족관을 갖고 있다면, 이런 수수께끼를 풀기 위한 탐색 때문에 양부모와의 관계가 약화되리라 생각할 필요는 없다. 친부모를 찾더라도, 많은 아이들이 "나를 위해 한밤중에 옆에 있어준 사람들이야"라고 말하는 것처럼 양부모는 '실제' 부모로 남는다. 자녀들 눈에는 물리적 존재가 유전학 정의 이상으로 부모를 규정한다. 몇몇 입양아들은 차라리 몰랐을 때가 더 좋았다고 말하기도 했지만, 많은 입양아들이 계속 그들의 생물학적 뿌리를 찾기 위한 어려움을 감수한다. 그들에게는 아는 것이, 설혹 기대한 것보다 안 좋은 경우라도, 상실감을 줄이는 데 필요하다.

입양으로 맺어진 가족의 명단이 마치 돌에 새겨진 것처럼 영원불멸이라고 여기고 사는 것은 결국 가족이 모호한 경계성을 가지고 있음을 명쾌하게 인정하는 것보다 더 큰 스트레스를 유발할 수 있다.

어떤 사람은 항상 함께 있고, 어떤 사람은 함께하다 떠날 수도 있고, 어떤 사람은 항상 떠나 있는 것처럼 가족 구성원이 모두 다를 수 있음을 분명히 인식하는 것이 좋다. 이러한 명확한 유동성은, 어린아이를 포함한 모든 가족 구성원이 솔직하게 인정하는 경우 입양 가족 관계에서 해롭지 않다.

아마도 가족에 대한 인식 중 가장 흔한 단절은 이민에서 비롯되었을 것이다. 유럽 대륙과 아일랜드로부터 밀려든 이민의 물결은 1세기 훨씬 전부터 시작되었고, 1909년 한 해 엘리스섬 항구를 통해 미국에 입국한 이민자들은 120만 명으로 절정에 달했다. 오늘날, 비록 그들의 출발 지점이 주로 멕시코, 라틴아메리카, 아시아로 바뀌었지만, 미국은 여전히 이민자들의 나라로 남아 있다. 여행에 대한 제한이 줄어들면서, 전 세계 사람들은 이동 중이다. 미국 내에서도 가족들은 시골에서 도시로, 동부에서 서부로, 북에서 남으로 계속 이동하다가 다시 돌아온다. 사람들이 끊임없이 뿌리 뽑히고 이동하는 세상에서 모호한 상실의 유산은 여전히 강력하다.

내 가족과 미국 중서부에 있는 다른 많은 사람들은 1800년대 중반부터 그 세기 마지막까지 이어진 대규모 이민 물결의 유산을 공유한다. 노르웨이, 독일, 핀란드, 아일랜드, 스위스 출신 가족들이 미국에 정착하기 위해 이주했다. 다시는 돌아가지 않을 것 같았기 때문에 유럽을 떠나는 것 자체가 충격적이었다. 이별은 특히 여성들에게 더 가혹했다. 그들 가족이 미국에 뿌리내리고 안정감을 느끼기 시작했을 때, 대부분의 남편들이 더 많은 땅이나 금을 찾기 위해 다코타, 네브래스카 평원, 캘리포니아 등 점점 더 서쪽으로 이주할 것을 고집했다는 기록을 그들의 오래된 일기에서 찾아볼 수 있다. 남자들이 꿈틀거리는 모험심을 좇을 동안, 여자들은 겨우 정착한 곳에서 다시 뿌리 뽑히고 가족 관계가 이미 끊긴 상태에서 또 힘겹게 작별 인사를 치렀다.

중서부와 서부 개척지 중간 경계 지점에 관한 이야기를 다룬 햄린 갈런드*의 소설은 이주를 고집하는 아버지 때문에 그의 어머니가 마지못해 다시 뿌

---

* Hamlin Garland(1860~1940). 1922년 퓰리처상을 받은 소설가로 미국 중서부 농부들의 고된 삶을 사실적으로 그렸다.

리 뽑히는 것을 바라보며 쓴 작품이다. "여자들이 하나둘 낡고 허름한 옷을 입은 팔로 그녀를 감싸고, 떨리는 입술로 작별의 키스를 나누며 말없이 슬퍼했다. 그 장면은 마침내 내게 고통으로 남게 되었고 나는 도망치듯 그곳을 떠나 들판으로 내달리며 씁쓸하게 물었다. '왜 이런 고통을 겪어야 하지?' '왜 어머니는 그녀의 가장 소중한 친구들에게서 떨어져 낯선 땅으로 강제 이주를 당해야 하지?'"5

갈런드는 가족들이 모인 명절에 그의 아버지와 다른 남자들은 항상 그의 엄마와 다른 여자들이 싫어하는 노래를 고집스럽게 불렀다고 설명했다. 가사는 이랬다. "힘내요, 형제여, 우리처럼 산을 오르고 서쪽으로 가요." 갈런드는 그 장면을 다음과 같이 묘사한다. "아버지의 얼굴은 탐험가의 호기심으로 빛났다. 그는 그 가사를 가장 훌륭한 시로 여기는 듯 보였다. 그에겐 모든 것이 괜찮고 희망적이며 활기찬 미국인의 삶을 의미했다. 하지만 어머니의 상냥한 얼굴은 슬픈 표정으로 바뀌며 어두워졌고 그녀의 고운 눈에는 그늘이 짙어졌다. 그녀에게 이 노래는 새로운 집을 갖게 되는 긍정의 이미지가 아닌 그녀의 모든 친구와 친척들을 잃은 상실을 의미했다.
(……) 박탈감, 고통, 외로움, 가슴앓이를 떠올리게 했
다."[6]

중서부 국경의 많은 이민 여성들에게 고통스러운
작별의 반복은 너무나 빈번해졌고 그들은 그냥 포
기하게 되었다. 미네소타주 세인트 피터의 한 오래
된 정신병원에 보관되어 있는 역사적 기록들은, 이
기관이 뿌리 뽑힘을 견딜 수 없었던 일부 여성들의
안식처가 되었음을 증명해준다.[7]

심지어 중서부의 한 지역에서 정착할 수 있었던
다른 이민 여성들조차도 고향에 남겨두고 온 가족
들과의 단절로 고통스러워했다. 외로움이 그들을
뒤덮었다. 그들은 특히 자녀가 태어나거나 아플 때,
어머니와 자매들을 그리워했다. 다음은 위스콘신주
의 한 저널리스트가 구술로 기록한 내용을 옮긴 것
이다.

한 가족은 아버지와 어머니 모두 1853년 당
시 유행한 콜레라 전염병에 걸렸던 일을 들려
주었다. 아내는 너무 힘이 없어서 걸을 수도 없

었고 남편은 침대에서 움직이지도 못한 채 고열에 시달리고 있었다. 그는 아내에게 물 한 잔을 청했고, 물만 마시면 회복할 수 있을 것 같다고 생각했다. 그들의 집은 물을 길어 올 수 있는 슈가강에서 3킬로미터 떨어진 곳에 있었다. 물을 길어 올 사람은 아무도 없었으므로, 아내가 작은 물통의 손잡이를 이빨로 물고 고통스럽게 그리고 천천히 장대 같은 풀숲 덤불을 헤치며 기어갔다. 그녀는 물통에 물을 담아 같은 방법으로 되돌아갔다. 그녀의 남편은 살았다.[8]

보살핌을 받아야 할 여자들을 도와줄 사람은 거의 없었다. 이웃들은 멀리 떨어져 있었고, 친척들은 고국에 있었다. 평소라면 곁에 있었을 어머니와 자매들도 없었다. 이민 온 여성들은 평범한 사람들이 경험하는 것 이상의 고통스러운 고립을 견뎠다.

딸과 아들이 미국으로 이민을 가면서 남긴 불분명한 작별 인사는 고향에 남겨진 어머니들을 힘겹게 했다. 안나(10대 시절 나는 학교 가는 길에 정원을 손질하고 있던 그녀와 자주 마주쳤었다)는 스위스에 있는 어머니로부터 받은 편지를 간직하고 있었다. 항상 마음속으로 그리워하는 딸과 아들들을 다신 볼 수 없다는 슬픔이 담긴 편지들이었다. 1926년 12월 2일, 안나의 어머니는 이런 편지를 썼다.

사랑하는 안나,

네가 우리에게 보내준 돈과 아름다운 가족사진 고맙게 잘 받았다. 하나같이 멋진 옷을 입고 찍은 아이들의 모습이 정말 예쁘구나. 그런데 너, 안나야, 너무 말라 보였어. 고생이 많은 것 같구나……. 사진을 볼 때마다 눈물이 흘러서 네 얼굴을 오래 들여다볼 수가 없단다. 미국에 있는 너와 앰브로즈 그리고 칼을 떠올리면 마음이 쓸쓸해진다. 이 세상에서 다시 볼 수 없다는 걸 알고 있단다.[9]

아일랜드인들은 그들의 불분명한 작별의 상황을 직시했을지도 모른다. 그들의 자녀들이 미국으로 떠났을 때, 부모들은 실제로 장례식 같은 작별이라고 생각했다. 그들은 다시는 자녀들을 만날 수 없다는 것을 충분히 알고 있었다. 그래서 그들이 속한 커뮤니티와 함께 치르는 고별 파티가 가족들이 상징적으로 작별 인사를 마무리하는 의례로 받아들이는데 도움이 되었을지도 모른다. 오래된 글 속에 다음과 같은 이야기가 담겨 있다. "마치 큰 장례식 같았고, 마지막 파티 같았다. 정말 슬픈 일이었다. 특히 부모들은 떠나는 자식들이 마치 정말 죽은 것처럼 슬퍼했다. 당신이 그 자리에 없었던 게 차라리 나을 정도다. 마음이 너무 아플 테니까."[10]

이러한 모호한 상실은 1세기 전 대서양을 건너 미국으로 대규모 이민을 떠났던 자들에게 계속해서 고통을 안겨주었다. 엘리스섬에서 구술 역사를 듣는 동안, 나는 똑같은 고통을 묘사한 스위스계 베른인 여성의 경험도 듣게 되었다. 어린 시절의 그녀와 형제자매들, 그리고 그녀의 어머니를 뒤로하고 미국으로 떠난 아버지에 대한 이야기였다. "나와 내 형제자매들이 거기 서서 아버지를 향해 손을 흔들고 있던 모습이 아직도 생생해요. 엄마는 울고 있었는데, 그 모습이 사진처럼 오래 남아 있어요. 우리는 울음을 터뜨렸고, 엄마는 아버지가 다시는 돌아오지 못할 것 같아 두렵다고 말했어요. 너무 먼 곳이라서 바다가 삼켜버릴지도 모른다고요. 다시는 남편을 볼 수 없을 것 같다고 생각한 아내의 마음이었어요."[11]

나의 친할머니, 소피 그로센바허는 아들을 미국으로 이민 보내고 고국에 남겨진 어머니였다. 그녀가 보내온 많은 편지는 정서적으로는 밀착되었지만 육체적으로 떨어져 있는 아들로 인해 평생 경험했던 모호한 상실을 여실히 보여준다. 그녀의 편지는 늘 "사랑하는"으로 시작하고 "신이 언제나 너를 지켜주기를, 엄마가"로 끝맺는다. 그녀는 거의 매달 편지를 썼고 "너와 이렇게 조금이라도 대화를 나눌 수 있어서 기쁘구나. 오늘, 단 하루만이라도 너와 함께할 수 있다면" 하고 종종 말했다. 하지만 그 후 제2차 세계대전이 일어났고, 스위스 국경 바젤 근처에 있는 그녀의 집 가까이에 폭탄이 떨어질 정도로 상황은 긴박했다. 그녀는 이렇게 썼다. "사랑하는 아들아, 마침내 몇 줄 적는다. 오늘 우울증이 심했어. 먼 곳에 사는 사랑하는 너희들이 몹시 그립다고 말하고 싶구나." 그녀는 경제적으로 힘든 시간과 전쟁의 공포에 관해 썼고, 마지막은 이렇게 끝맺었다. "난 매일 널 생각한단다. 네게 큰 두 딸[언니와 나]이 있다니. 그 손녀들을 볼 수 있었으면."

1943년, 전쟁으로 인해 우편물이 산발적으로 날아들었을 때 그녀는 아들에게 편지가 전달되었을까 노심초사하며 미국에 사는 아들의 소식이 오기만을 기다렸다. "거기서 어떻게 지내니? 모두 평안하길 바라. 너의 모든 형제자매가 네 소식이 왔냐고 늘 내게 묻더라. 그래, 우리는 네 소식이 궁금해서 편지만 기다리고 있어. 이렇게 오랫동안 소식이 없으니, 네 안부가 궁금하다. 편지를 보내지 못하더라도, 내 마음속에 너는 항상 나와 함께 있단다. 이제 네 아들 둘[내 형제들]은 많이 컸겠지. 아이들을 만나보고 싶구나. 서랍에서 사진들을 꺼내 보는 날들이 많단다. 편지 보낼 수 있으면 빨리 답장을 다오."

전쟁이 끝나고 난 뒤 편지 왕래는 규칙적으로 이어졌다. "네 편지가 우리를 얼마나 기쁘게 만들었는지, 우리 모두 반갑게 읽었어. (······) 더 이상 너를 위해 할 수 있는 게 아무것도 없지만, 매일 너를 생각하며 모두 건강하게 잘 지내기를 기도한다. 이제 편지를 여기서 멈춰야겠구나. 내가 무슨 말실수를 하지는 않았는지. 편지를 쓰기에 내 정신이 그리 온전치는 않은 것 같구나. 엄마는 이제 일흔아홉 살이다."

전쟁이 끝난 후 대서양 횡단도 가능한 전화 통화가 이루어졌다. 아버지는 할머니의 여든 살 생신 때 전화를 했는데, 그게 처음이자 마지막이었다. 나는 그 순간을 생생하게 기억한다. 내 여동생과 나는 "Salut, Grossmuetti(안녕하세요, 할머니)"라는 말을 할 수 있었다. 그 말이 내가 할머니에게 건넨 유일한 목소리였고, 할머니의 목소리를 들을 수 있었던 유일한 순간이었다. 이 전화 통화 이후에 할머니는 건강상의 이유로 시간이 한참 지나서야 편지를 했다.

내 생일날 나에게 큰 행복을 느끼게 해줘서 고맙구나. 그래, 폴, 네 목소리를 들었을 때의 기분을 말로 표현할 수 없다. 네가 말하는 걸 듣고 있자니 마치 네가 우리 곁에 서 있는 것만 같았어. 그리고 네 두 딸이 "Salut, Grossmuetti"라고 했을 때 얼마나 행복하던지. 심지어 웃음소리도 들었잖니. 그리고 네 아내 베레넬리가 전화를 받더구나. 어찌나 다정하던지더 오래 통화하고 싶더라. 우리 모두에게 소중한 순간들이었다. 네가 사랑하는, 여기 있는 모든 이들이 테이블에서 몸을 일으켜 네 목소리를 한마디라도 더 들으려고 전화기에 귀를 바짝 댔다. 그날을 우리는 언제나 기억할 거야. 그리고 우리 모두는 다음 가족 모임에 네가 우리와 함께할 수 있기를 바란다. 그런 날이 빨리 오기를 기대한다. 마지막 날이 언제 올지 아는 사람은 아무도 없으니 말이다.[12]

위의 편지는 1945년에 쓰였다. 아버지는 일과 농사 빚에 얽매어 여전히 고국을 방문할 수 없었다. 1948년, 할머니는 이렇게 썼다. "너와 네 가족이 한데 모인 곳에서 너의 음악과 노래를 듣고 싶구나. 내 상상 속에 나는 거기 있을 거야. 바젤에 사는 프리츠가 그러는데 네가 일이 너무 많아서 아직 집에 올 수 없다고 하더구나. 네가 하는 농장에 일손이 많이 필요하다는 건 이해한다. 너를 보고 싶지만, 언젠가 다시 만날 날이 오기를 바라며 기다리마."

마침내, 1949년 가을. 할머니의 건강이 몹시 나빠졌을 때, 아버지는 유럽으로 가는 배를 예약했다. 아버지는 할머니가 자신을 한 번 더 볼 수 있을 때까지 버티고 있다는 걸 알고 있었다. 오직 한 명분의 뱃삯밖에 없던 아버지는 엄마에게 농장과 집안일을 맡기고 혼자 떠났다. 아버지는 6주 동안 할머니가 있는 스위스에 머물렀다. 할머니는 그녀의 소원이 드디어 이루어졌다며 죽어도 여한이 없다고 말했다.

몇 달 후, 할머니는 돌아가셨다. 그러나 숨을 거두기 직전, 마지막으로 아버지에게 편지가 한 통 왔다. 이번에는 아버지의 손자뻘 되는 사람이 쓴 편지였다. "증조할머니가 편지를 받으시고 정말 행복해하셨어요. 모든 가족이 잘 지낸다는 소식에 기뻐하셨습니다. 가족들에게 안부 전하라는 당부를 하셨습니다."

내 할머니, 소피 그로센바허의 죽음을 전하는 편지는 스위스 관습대로 봉투 가장자리에 검정 띠를 두르고 있었다. 아버지는 봉투를 열지도 않고 이미 내용을 아는 사람처럼 깊은 슬픔에 잠겼다. 다른 많은 이민자들과 마찬가지로 아버지도 고향에 남겨진 가족들과 함께 장례는 물론 매장하는 순간조차도 지켜보지 못했으며 조문객들의 위로도 받을 수 없었기 때문에 복잡한 심경으로 애통해했다. 모든 애도 의식에서 어쩔 수 없이 단절되어 있던 아버지는 고립감과 외로움을 느꼈다. 우리는 아버지를 위로하려고 애썼지만, 할머니와 실제로 함께한 경험이라고는 겨우 전화 한 통 나눠본 것이 전부였던 우리로서는 큰 위안이 될 수 없었다.

이동의 자유에 대한 열망과 삶의 도전—또는 우리의 경제적 필요성—에 이르기까지 모호한 상실이 왜 오늘날에도 흔한 현상인지 설명될 수 있을 것이다. 뿌리 뽑히며 나누었던 불확실한 작별은 예상된 변화로 인한 모호한 상실들—자녀들은 자라서 집을 떠나고, 부모들은 나이 들어 쇠약해지는—뿐만 아니라 이혼, 억류, 혹은 실종 같은 예상치 못한 상실들 위에 겹쳐져 쌓인다. 우리는 그런 상실 앞에 무릎

끊거나 실종 조종사의 아내처럼 극복하며 앞으로 나아간다. 또는 내 할머니, 소피 그로센바허가 한 것처럼 받아들이고 견딘다.

이민으로 인한 모호한 상실을 극복할 수 있는 능력은 우리의 개인적, 문화적 유산에 의해 영향을 받는다. 필라델피아에 사는 정신과 의사이자 분석가 살만 아흐타르에 따르면 많은 요소들이 이민의 심리적 결과에 영향을 미칠 수 있다고 한다.[13] 그런 요소들 가운데, 이민자들의 새로운 환경 적응에 영향을 미치는 것들을 이주의 영속성으로 볼 수 있는데, 스스로의 의지로 이민을 온 것인지, 고국 방문의 가능성은 있는지, 나이, 낙천성, 새로운 나라에서의 반응, 고국에서의 자신의 역할과 새로운 나라에서의 역할의 유사성 여부에 따라 다르다. 이러한 요소들의 밑바닥에는 새로운 곳에 뿌리를 내리는 동안 떠나온 곳과의 관계를 유지하는 능력도 포함된다.

해결되지 않은 상실의 원인—이민, 전쟁, 이혼, 재혼, 입양—이 무엇이든 상실의 증상들은 고통스러울 수밖에 없다. 불안, 우울, 육체 질병, 가족 갈등은 종종 적응하지 못하고 앞으로 나아가지 못하는 사람들을 괴롭힌다. 어떤 식의 종결이 없다면, 부재하는 자는 현재에 머문다.

3장

이별할 수 없는 이별

알츠하이머병 환자의 얼굴에는 오직 공백만이 남아 있다. 그것은 문자 그대로, 텅 빈 가면이다.

—잔 베일리, 〈아이리스를 위한 비가〉, 《뉴요커》
(1998년 7월 27일)

심리적 부재는 육체적 부재만큼이나 치명적일 수 있다. 이런 종류의 모호한 상실은 사랑하는 이가 비록 살아 있어도, 정신은 온전하지 못한 경우이다. 뇌 손상, 중풍, 그리고 알츠하이머병이 주범이다. 특히 알츠하이머병은 미국인 세 가족 중 하나에 영향을 줄 만큼 너무 흔하다. 영화제작자 미에렌도르프는 다음과 같이 요약했다. "알츠하이머병 환자들은 회복되지도 않고 더 나빠지는 것 또한 막을 수 없다. 그들은 한때 자신이 누구였는지 알고 싶어 실낱이라도 붙잡고 있다. 교사였던 사람은 아이처럼 퍼즐을 맞추려고 애쓰고, 기능공이었던 사람은 장난감을 만지작거리며 예전에 자신이 사용했던 연장을 떠올리려고 골몰한다. 자신의 모든 업적과 사랑하는 이들의 얼굴도 잊혔다. 죽음이 올 때까지 끝없는 하루가 있을 뿐이다. 알츠하이머병은 아마도 가장 잔인한 질병일 것이다."[1] 두말할 것도 없이 환자에게 잔인할 뿐만 아니라, 가족들에게 또한 잔인하다. 알츠하이머병 환자를 둔 가족들이 환자의 부재 또는 존재 상태에 대해 불분명하게 느낄수록 가족 구성원의 우울증 증상은 더 커진다.[2]

나는 알츠하이머병 환자들을 대상으로 한 연구에서, 그 병과 함께 살아가는 가족 구성원들의 경험에 초점을 맞췄다. 나는 그들에게 특히 스트레스를 받는 일들에 대해 말해달라고 부탁했다. 환자가 어떻게 지내느냐고 묻는 질문에만 익숙했던 가족들은 내 부탁을 듣고 놀라워했다. 나도 동료들로부터 배운 것이었다. 가족심리상담사이며 알츠하이머병 환자의 딸인 앤은 어머니가 더 이상 자신을 알아보지 못했을 때 겪었던 고통에 대해 내게 말해주었다. 앤은 치매 증세가 심해지자 어머니를 요양원으로 옮겼다. 편도 한 시간 거리였지만 자주 요양원을 방문했다. 어느 날 요양원에 도착했을 때 어머니가 금발의 여성들만 보면 딸로 여기는지 "앤" 하고 부른다는 것을 알아챘다. 앤은 망연자실했다. "엄마는 더 이상 날 알아보지 못해. 그런데 나는 왜 계속 엄마를 만나러 오는 거지?" 결국 앤은 자기 자신을 위해 어머니를 보러 온다는 사실을 깨달았다. "가끔 엄마의 무릎에 머리를 대고 누워 엄마 손으로 내 머리를 쓰다듬게 해요. 예전처럼요."

가슴 아픈 이 장면은 마치 또 다른 알츠하이머병 환자인 웨스와 그의 아내 린의 삶을 담은 다큐멘터리처럼 다가온다. 웨스는 40대 때 그의 아버지와 누이동생이 그랬던 것처럼 알츠하이머병 진단을 받았다. 군병원에서 검사를 받았을 때 그는 연도도, 대통령 이름도 기억하지 못했다. 무슨 요일이냐고 묻자 "정오쯤 되었을걸요, 제 생각엔"이라고 대답했다. 웨스는 해군 조종사로 근무했었다. 군 복무 후, 그는 민간 항공업계에서 선구자 역할을 했고 지역사회 리더이자 성공한 사업가가 되었다. 그런데 지금은 집 바로 옆 정원에서조차 자신이 어디에 있는지 혼란스러워하며 두리번거린다.

웨스의 아들 오머는 아버지가 알츠하이머병 진단을 받았다는 소식을 듣고 대학에서 집으로 돌아왔다. "알츠하이머병은 아버지의 삶, 아버지가 사랑했던 것, 직장이었던 공항, 가족까지도 훔쳐 갔고 아버지가 가진 모든 것들과 평생 이룬 것들을 갈가리 찢었어요." 오머는 말한다. "좋은 아버지셨어요. 매우 엄격한 분이셨죠. 거짓말, 사기, 도둑질 같은 건 절대 하지 말라고 우리를 가르치셨어요. 나는 그런 아버지를 사랑했고 존경했어요. 아버지는 어린 자식들을 보살피기 위해 늘 애를 쓰셨고 항상 우리를 위해 최선을 다하려고 노력하셨어요. 열렬한 스포츠맨이기도 했고…… 난 아버지를 미워하는 사춘기 반항기조차 겪지 않았어요. 아버지를 정말 많이 좋아했어요. 항상 그래왔고, 지금도 그래요." 그러고 나서 오머는 자신이 무엇을 잃었는지에 대해 이야기하기 시작했다. "아버지와 관계를 맺을 수 없어요. 아버지의 육체는 여전히 이곳에 있지만, 정신적으로는 그렇지 않아요. 그리고 내 생각으로는 이제 내 아버지가 아닌 것만 같아요. 내가 알던 아버지는 이미 5, 6년 전에 돌아가셨어요."

린은 자신의 상실감을 말한다. "뭔가를 할 수 없는, 그런 남편을 보기 힘들어요. 남편은 아무것도 해내지 못해요." 그녀가 주방에 있을 동안 웨스에게 간단한 일을 시켜보지만 마른행주로 접시를 닦는 일조차 그에게는 어려운 일이었다. 남편이 주방을 나가면 린은 수심에 차 있다. 머뭇거리며 그녀가 말한다. "나는 가끔, 정말 아주 가끔 그런 남편을 바라보며 생각에 잠겨요. '당신이 날 떠나고 있구나. 그런데 난 당신이 가지 않았으면 좋겠어!' 속으로 외치죠. [잠시 침묵] 하지만 당신도 그렇게 살 수는 없잖아요. 늘 속상해만 할 수도 없고요. 그러니 그저 남편과 함께 있다는 사실에 기쁨을 느끼려고 노력할 뿐이죠."

잠시 후 그녀가 남편을 상담실로 데리고 들어왔다. "오늘이 무슨 날인지 기억해?" 그녀가 묻는다. "으음, 아니." 그가 심드렁하게 대답한다. "오늘 우리 결혼기념일이야." 그녀는 소파를 쓰다듬으며 마치 자기 옆에 앉으라고 부르는 사람처럼 계속 말한다. "오머와 킴이 카드를 보내왔어." 그녀는 잠시 멈추었다가 카드를 읽는다. "웃음과 함께, 사랑으로 정을 나누며 기쁨이 가득한 하루로 기억될 수 있는 결혼기념일이 되길 바라요." 그녀의 목소리가 갈라진다. 그녀는 아픈 남편을 올려다보며 부드럽게 말한다. "오늘 우리가 결혼한 지 30년 됐어요." 그가 웃으며 "우와!" 한다. 그녀가 그에게 팔을 두르며 "사랑해"라고 말한다. 그녀의 포옹은 포옹으로 돌아오지 않았다. 그는 그저 킥킥거리며 되풀이해 말할 뿐이다. "나도 사랑해."[3]

앤, 린, 그리고 오머는 사랑하는 사람이 점점 멀어져가는 모호한 회색지대에서 살았다. 델라도 비슷한 경험을 하고 있었다. 그런데 그녀의 경우는 폭력을 동반한 치매였다. 그녀와 그녀의 남편은 노스다코타에 있는 외딴 농장에 살았고 그녀는 자신의 문제를 스스로 해결하는 데 익숙해져 있었다. 하지만 남편의 증세가 심해지자 그녀는 마침내 그 지역의 알츠하이머병 환자 지원 단체에 도움을 청했다. 우리가 상담 자리에서 만났을 때, 그녀는 "남편은 항상 화가 나 있는 상태고 난 이유를 몰라요"라고 말했다. "밖이 영하 10도였던 어느 날 밤, 그가 그냥 벌떡 일어나서 집 밖으로 걸어나가더니 마당 한가운데에서 '여기에서 당신과 작별 인사를 할 거야' 하고 막 소리를 지르더라고요. 그러더니 휙 돌아서서 다시는 뒤도 안 돌아보는 겁니다." 그대로 두면 밤에 얼어 죽을 수도 있을 거라는 생각이 들자 그녀는 전화기로 달려가 보안관과 남동생에게 도움을 청했다. 다행히 그들은 그를 제때 찾을 수 있었다.

"툭하면 밖에서 배회해요." 그녀가 말했다. "요즘엔 이웃집 여자들과 옥수수밭에서 그를 자주 쫓아내곤 해요. 그런데 걱정이 돼요. 만약에 내가 옥수수밭에 나갔다가 넘어지기라도 한다면, 어떻게 되는 걸까, 하고요" 상담에 참석했던 사람들도 같은 질문을 던졌다.

델라는 그녀의 남편이 겪고 있는 현 단계—아직 보행할 수 있고 아내보다 체력적으로 강한 상태—가 자신에게 가장 힘든 시기라고 설명했다. "한번은 날 넬슨*으로 공격하더라고요. 너무 아팠어요. 내가 긴장을 풀고 그도 진정하고 나서야 그의 손아귀에서 벗어날 수 있었어요." 상담에 참석했던 사람들은

---

* Nelson. 레슬링에서 상대편의 겨드랑이 밑으로 팔을 넣고 뒤통수에 팔을 돌려 목을 조르는 기술.

델라의 남편이 더 이상 폭력적이지 않다는 말을 듣고 안심했지만, 여전히 그녀가 남편과 단둘이 지내는 것을 걱정했다.

앤, 린, 오머, 델라가 들려준 어려움은 리디아와 그녀의 가족들에게도 역시 고통을 안겨주는 문제들이었다. 나는 유대인 가족 삼대를 인터뷰했다. 나이가 지긋한 할아버지, 그는 '솔'이라고 불렸는데 알츠하이머병 말기 단계를 앓고 있었다. 가족들은 솔의 일흔이 넘은 아내 리디아 때문에 갈등을 빚었다. 그녀는 남편을 요양원에 보내놓고 플로리다로 가서 여동생과 휴식을 취하고 싶다고 말했다. 장성한 솔의 자녀들은 항상 그렇게 해왔던 대로, 즉 엄마가 아버지를 집에서 계속 돌보는 방식으로 지속되어야 한다고 생각했다. 하지만 나이 든 솔의 아내 리디아와 그녀의 여동생, 그리고 놀랍게도 10대 손주까지, 리디아가 끝없는 일을 혼자 감당하기엔 너무 벅차기에 다른 방법을 찾아야 한다고 생각했다. 그들만이 변화를 위한 준비가 되어 있었다. 내가 그들에게 사랑하는 사람의 부재나 존재를 각자의 시각으로 경험하는 모호한 상실은 있을 수 있는 일이라는 생각을 심어줄 동안, 삼대는 몇 시간 동안 서로의 의견을 교환했다. 그 가족은 지금처럼 생각의 차이를 확인하며 대화를 나눌 필요가 있었다. 정오가 가까워졌을 때 누군가 주방에서 음식을 가지고 들어왔다. 상담실 뒤쪽에 조용히 앉아 있던 환자의 형이 갑자기 우렁찬 목소리로 말했다. "여기서 장례식까지 걱정할 필요 없다. 내 동생은 아직 살아 있어!" 그것으로 대화는 흐지부지 끝났다. 하지만 나는 기뻤다. 그 모든 과정을 통해 가족들은 모호함에 대해 조금 인지하게 되었기 때문이다. 솔은 여전히 거기에 있었다. 리디아는 그를 집으로 데려간 다음 여동생과 함께 절실하게 필요한 휴가를 떠나기로 했다. 그녀가 집을 비울 동안, 자녀들과 손자 손녀들이 번갈아 솔을 방문했다. 그리고 큰아버지 제이크 덕분에 가족들은 죽음이 아직 솔을 덮치지 않았다는 사실을 재인식할 수 있었다.

상실을 애도하는 종교적인 의식은 확실한 죽음을 전제로 한다. 사랑하는 사람들을 '일부'만 잃었을 때 우리를 위로해줄 의식은 거의 없다. 가족들은 각자 스스로 어떻게 대처해야 할지 고민하는 형태로 남겨진다. 문제 해결을 강조하는 문화에서 임박한 죽음이란 이미 답이 없다는 의미로 해석될 수 있다. 그럼에도, 우리는 가족 구성원들이 모호한 상실 상태에 놓여 있는 사랑하는 가족을 끝까지 돌볼 거라고 기대한다. 그러나 누가 '끝'을 결정하느냐의 문제는 항상 명확하지 않으며, 특히 용기 있는 결단들이 리빙 윌Living Will*과 반대의 의견을 가진 가족 구성원들 사이에서 충돌한다.

오랫동안 통제 불능 상황에 놓여 있는 환자를 견딜 수 있는 전문가나 가족 구성원은 많지 않다. 스트레스가 그들을 짓누르기 때문이다. 모호함이 지속되면, 가족 내부에서뿐만 아니라 가족과 의사 사이에서도 갈등은 증폭한다. 사실 의료 종사자들조차도 모호한 상실로 고군분투하는 가정을 항상 확신을 가지고 대하는 것은 아니다. 심지어 가족에게 미래에 대한 질문의 대답으로 "앞으로 무슨 일이 일어날지 모르겠어요"라고 말할지라도 침묵보다 더 환영받으며, 바로 이러한 지점에서 소통의 중요성을

---

*   본인이 직접 의사 결정을 할 수 없을 정도로 위독한 상태가 되었을 때, 어떤 의료적 결정을 내려야 하는지를 명시한 법적 문서.

서로 인식할 수 있다. 만약에 답이 없을 때, 만성 질병에 시달리는 가족을 돌보고 있는 가정이라면 그들에겐 모호함에서 비롯되는 감정들을 정리할 수 있게 해주는 도움이 절실하다. 그들은 해결되지 않은 슬픔이 가족 구성원에게 어떤 영향을 미치는지 알 필요가 있다. 나는 임상 실습에서 흔히 우울증과 관계 맺기의 어려움을 토로하는 환자들을 자주 상담하는데, 그들이 상담 예약을 하더라도 상실과 모호함을 언급하는 경우는 거의 없었다. 헬렌의 경우가 대표적이다. 그녀는 내게 전화를 걸어 슬픔과 절망감에서 빠져나올 수 없다고 말했다. 그런 감정들은 외과 의사로 근무하는 그녀의 일을 방해했다. 그녀는 10년 동안 수술실 파트너이자 연인이었던 사람이 작년에 떠난 뒤 그런 감정에 빠졌다고 고백했다. 첫 번째 상담이 끝날 무렵 내가 물었다. "당신이 경험했던, 아직 기억에 남는 다른 깊은 상실을 떠올려볼 수 있나요?" 그녀는 내 질문에 "그게 지금의 감정들과 무슨 관련이 있죠?" 하고 물었다. "상관이 없을 수도 있겠죠." 내가 대답했다.

헬렌은 일주일 후 직접 작성한 상실 목록을 가지

고 상담실을 찾았다. 그녀는 마치 식료품 구매 목록을 확인하는 사람처럼 처음에는 담담하게 읽기 시작했다. "하나, 의과대학 재학 시절 경험한 심각한 결별. 내 친구가 애인을 데리고 집에 왔고, 나는 그 둘을 밖으로 내쫓았다. 대단한 상실감을 느꼈는데 내가 아주 좋아하던 친구가 그렇게 행동했다는 사실에 대한 실망이었다. 둘, 엄마가 알츠하이머병에 걸렸고, 나를 마지막으로 알아본 게 1년 전이었다. 셋, 나의 좋은 친구들 몇이 에이즈로 오래 고생하다 죽었다. 넷, 내 남동생. 우리는 더 이상 말도 섞지 않는다. 그는 술을 너무 많이 마신다. 우리 남매는 꽤 우애가 좋은 편이었지만, 이제 그는 더 이상 내가 알던 다정한 동생이 아니다. 다섯, [그녀의 목소리가 바뀌기 시작하더니 느려진다] 내 마음을 열어준 사람과 나누었던 10년간의 사랑."

헬렌은 침묵했다. 그녀 역시 목록의 길이와 상실의 강도에 놀란 것 같았다. 그리고 그녀는 왜 마지막 목록이 그녀를 '깊게 무너뜨리는지' 이유를 물었다. 우리는 "마지막 지푸라기 하나가 낙타의 등을 부러뜨린다"는 속담을 떠올리며 해결되지 않은 상실이 쌓이면 그와 비슷한 일이 벌어진다는 말을 나누었다. "그런 상실을 치유하려면, 당신은 예전에 겪었던 그 일들과 다시 맞닥뜨려야 해요. 그것들은 모두 당신 경험의 일부죠."

우리는 상실과 모호함 그리고 그것들이 어떻게 뒤섞여 사람들로 하여금 벗어나지 못하게 만드는지에 대해 이야기했다. 헬렌은 그런 식으로 생각해 본 적이 없었다. 그녀의 목록 내용을 보면 그 누구와도 관계가 깔끔히 정리되지 않고 서서히 사라지는 형태였다. 그로 인한 모호한 상실이[그녀는 그런 단어조차 들어본 적이 없다] 그녀 안에 누적되어 있었고 거부감과 무력한 감정이 한데 어우러진 건 당연한 일이었다. 헬렌은 외과 의사로서 자신 앞에 놓인 상황들을 책임지는 것에 길들어 있었으므로 그녀가 겪은 모호한 상실로 인한 고통이 절망감과 무력감까지 불러왔다.

우리는 세 번째 상담 시간에 헬렌에게 영원히 상실된 것은 무엇이며 가장 최근 관계가 깨진 후에도 여전히 남은 것들은 무엇인지에 관해 대화를 나눴다. 회복할 수 있는 것은 무엇이고, 회복할 수 없는 것은 무엇일까? 비록 관계의 친밀함은 끝났지만, 직업적인 관계—그리고 아마도 그들의 동료애—는 이어질 것이다. 모든 것이 사라진 것은 아니라는 생각이 그녀에게 약간의 희망과 지탱할 무언가를 준 것 같았다. 나는 처음으로 헬렌의 기분이 좋아지는 것을 보았다.

내가 헬렌을 네 번째로 만났을 때, 우리는 그녀가 어떻게 자신의 경계를 지키면서 (혹시라도 그녀의 옛 연인이 다른 기대를 할지도 모르니) 관계를 수정할 가능성이 있는지에 대해 이야기했다. 알고 보니 양쪽 모두 전문적 협력 관계는 유지하길 원했으므로, 둘이 함께했던 것들 가운데 하나는 지속할 수 있는 충분한 동기가 되었다. 몇 번의 상담을 더 진행한 후, 헬렌은 비록 그들의 연인 관계가 끝났음에도 전문적 협력 관계를 지속할 가능성을 보여주었다.

마지막으로 만났을 때, 우리는 가족의 기원과 태생, 그리고 그녀가 현재 안고 사는 많은 모호한 상실에 관한 이야기를 나눴다. 그녀는 잘해냈고, 결별로 인해 기회와 파멸이 동시에 찾아들었을 때 변화가 일어났다. 그녀의 어머니가 알츠하이머병으로 더 이상 '제정신'이 아니었을 때, 문득 계시처럼 뭔가를 깨달았던 것이다. "심각한 치매에 빠져 있던 어머니가 내게 준 선물이 바로 아버지였어요!" 그녀가 소리쳤다. "어린 시절, 아버지는 언제나 밖에서 일만 하던, 보이지 않는 사람이었어요. 그런데 지금은, 엄마를 돌보는 게 유일한 삶의 목적인 사람이 된 거예요. 드디어 아버지와 나는 서로를 이해하게 된 거죠. 이제야 내가 부모님 둘 모두에게 사랑받았다는 걸 알았어요."

헬렌은 희망을 품고 낙천적인 태도가 되어 상담실을 떠났다. 내가 그녀에 대해 마지막으로 들은 소식은 그녀가 전 애인과 계속 직업적인 관계를 유지하고 있다는 것이다. 오래 회자되어 온 격언 하나가 떠오른다. "이혼은 그 행위를 중단시킬 이유가 되지 않는다."

우리 모두의 목표는, 쉽지 않은 일이긴 하지만 모호함의 한복판에서도 동요하지 않고 평정심을 유지하는 것이다. 슈얼 가족은 어려운 상황에 적응하는 능력을 보여준 모범적 사례였다. 나는 그들과 같이 독특한 가족을 이전에는 본 적이 없었다. 어머니 루스는 음악가로 활동했었고, 알츠하이머병을 심하게 앓고 있었지만 명랑해 보였다. 그녀의 세 아들은 모두 예술적 감각이 있었는데, 그들은 몹시 특별한 방법으로 어머니를 돌보기 위해 팀을 이루었다. 톰은 그의 어머니에 관해 쓴 책에서 이렇게 말한다.

의사들과 다른 많은 사람들은 어머니가 알츠하이머병을 앓고 있다는 것에 동의했다. 나는 몇 년 동안 어머니의 심리 상태가 변하기 시작하면서 유머 감각도 사라지는 모습을 지켜보았다. 어머니는 오랫동안 우리 가족 내에서 주도적인 역할을 해온 분이었다. 내성적이고 겸손한 아버지와 함께 아들 셋을 낳고 키웠다. 어머니는 인형과 골동품을 수집하며 오랜 세월 피아노를 가르쳤다. 그러던 어느 날부터인가 서서히 어린아이처럼 되기 시작하더니 '자신'의 엄마, 아빠가 어디에 있는지, 그들이 언제 돌아올지 자주 묻곤 했다. 이 변화는 우리 모두를 힘들게 만들었다. 하지만 지금은 어머니와 함께 시간을 보내는 것이 기쁘다. 내겐 황금 같은 시간이다. 나는 어머니를 더 닮고 싶다. 어머니는 지금 여기에서 온전히 나와 함께 있다. 대체로 어머니는 항상 행복해 보이고 다정하며 모든 사람에게 쾌활한 모습으로 언제나 상대방을 배려한다. 상대방에게 음식을 권하기 전엔 먼저 먹는 법이 없다. 어머니는 음악을 좋아하고, 때론 춤을 추기도 하는데 특히 스티브가 호기 카마이클*의 곡을 연주할 때나 아트 테이텀**음반이 흘러나올 때이다. 어머니는 모자가 떨어질 정도로 크게 웃고 주변에 있는 사람들에게 기쁨을 선사한다. 친구들이 어머니를 기다리고 있다고 말하면, 기쁘게 코트를 걸치고 아침에 집을 나서서 (일주일에 며칠을 그렇게 보낸다) 시내버스를 타고 운전사에게 "회사"(어머니가 부르는 명칭)로 간다고 말한다. 그녀가 말하는 "회사"는 어머니와 같은 노인들을 위한 주간보호시설을 말하는 것이다.

---

* Hoagy Carmichael(1899~1981). 미국의 작곡가이자 피아니스트로 대중매체 시대 최초의 싱어송라이터 중 한 명.

** Art Tatum(1909~1956). 미국의 피아니스트로 재즈 역사상 가장 위대한 피아니스트 중 한 명으로 손꼽힌다.

어머니를 위한 정말 멋진 공간이다. 성인처럼 훌륭한 두 분의 여성이 운영하는 곳이다.

주간보호시설 덕분에 내 형제들과 나는 어머니에게 익숙한 환경을 간직한 집에 그대로 어머니를 머물게 할 수 있었다. 우리 모두에게 중대한 도전이다. 큰형 돈은 특히 이 계획에 전념했다. 내 시간은 어머니와 춤추고, 웃고, 공놀이하고, 먹고, 장난치는 것으로 채워졌다. 나는 내가 꿀처럼 달콤한, 조건 없는 사랑의 완벽한 수혜자라는 사실을 깨닫게 되었다. 이 모든 것이 얼마나 오래갈지 모른다. 어머니가 앞으로 어떻게 바뀔지도 모른다. 그러나 지금으로서는, 내 어머니가 누구인지 분명히 알 수 있는 곳에 내가 있는 느낌이다.[4]

아마도 그들의 창의력 때문인지, 이 가족은 변화에 오랫동안 저항하지 않았다. 대신 그들은 어머니의 새로운 모습을 즐기며 그것을 통해 뭔가를 배웠다. 어느 날 아침 어머니가 자신의 상황을 총체적으로 요약해 "난 가상의 인물이 아니야"라고 선언했을

때 그들은 기뻐했다.[5]

세 명의 형제가 현재에 이르기까지 심리적으로 분리되지 않은 상태에서 어머니를 여전히 실존하는 존재로 대하는 슈얼 가족의 모호한 상실 접근법은 그 자체로 특별하다. 그들은 단순히 어머니의 말을 특별한 언어로 받아들였고 어린아이 같은 행동을 매력적으로 여겼다. 치매에도 불구하고, 그녀는 "매트에서 일어섰어" 또는 "구름이 다가오고 있어, 뭘 잊어버렸나 봐" 같은 어느 정도 이치에 맞는 언어를 구사했다. 그녀의 아들 톰은 그녀의 말을 일종의 아방가르드 형식의 시로 들었다.

톰 : 날 보면 무슨 생각이 나요?

엄마 : 사랑해. 정말 커. 3이나 6일 거야, 잘 모르겠어.

톰 : 3이나 6이 뭐예요?

엄마 : 피스*, 잘 몰라.

---

*   원문에 "Peace"로 표기되어 있지만 3이나 6은 'size'를 의미하는 것으로 해석되므로, 치매로 인해 'piece'와 착각해 발음한 것으로 여겨진다.

엄마 : 네 번호가 뭐지, 얘야?

톰 : 내 이름을 묻는 거예요?

엄마 : 응, 널 뭐라고 부를까?

톰 : 톰.

엄마 : 아빠[그녀의 남편] 어디 있어?

톰 : 5년 전에 돌아가셨어요.

엄마 : 오, 계속 없었어?

엄마 : 우리가 만난 게 기쁘다, 아빠 죽기 전에.

엄마 : 넌 누구야?

톰 : 저 톰이에요. 당신은 누구인가요?

엄마 : 아무것도 없지?

톰 : 아무것도 없다고요?

엄마 : 여기 아무것도 없다고. 나라고 생각했
는데 내가 아니야.

엄마 : 밤에 엄마나 딸에게 굿나잇 키스 안
해봤어? 그럼 지금 나한테 해줘.

엄마 : 오, 선생님, 저 좀 도와줄래요? 그러면
　　　 내가 엄마랑 아빠랑 그리고 내 아이
　　　 들에게 [나라고] 말할 수 있어요. 똑똑
　　　 했어요.

엄마 : [부모님 이야기를 하다가] 그런데 왜
　　　 우리를 떠났지? 그때 우린 그냥 아이
　　　 였는데.

엄마 : 짐 싸서 그냥 갔나 봐.
톰 : 누가요?
엄마 : 아빠랑 엄마[그녀의 부모님].

　아들들이 어머니를 돌보는 행동을 관찰하면서 나
는 릴케를 떠올렸다. "(……) 마음속에 풀리지 않는
모든 것들을 위해 인내심을 가져요. 문 잠긴 방이나
난해한 외국어로 쓰인 책들이 던지는 '질문 자체를
사랑'하도록 해봐요. (……) 그리고 핵심은 모든 것을
살아내는 것. 우리 앞에 남은 질문은 결국 '산다'는
것. 언젠가, 자신도 모르는 사이, 당신은 저 스스로

천천히 그 해답에 가닿을 거예요."[6]

루스는 정말 문이 잠긴 방에 있는 것과 같았고 그녀의 언어는 외국어로 말하는 상황과 하나도 다르지 않았지만, 아들들은 대답이 없는 그런 질문들까지 껴안았다. 그들은 어머니의 정신 상태에 고립되지 않았다. 언젠가 그들의 홈 파티에 초대되었던 일을 기억한다. 내가 좀 늦게 도착했는데, 분위기는 한창 고조되어 있었다. 나는 코트를 들고 계단을 올라갔다가 루스의 침실이 텅 비어 있는 것을 보고 충격을 받았다. 혹시, 돌아가셨나? 나는 어떻게 물어야 할지 몰라서 조심스럽게 아래층으로 내려왔다. 하지만 놀랍게도, 그녀는 반짝이는 옷을 입고 한 무리의 예술가 친구들과 이웃들에 둘러싸여 거실에서 웃고 노래하고 있었다. 루스의 에그노그 칵테일 잔이 불안스레 기울고 있었을 때 누군가 손을 뻗어 자연스럽게 바로잡아 주었다. 사람들은 그녀에게, 그리고 그녀는 사람들에게 말을 걸었다. 모두들 그녀의 말에 앞뒤가 맞지 않는다는 사실 따윈 개의치 않아 보였다. 나는 알츠하이머병을 앓고 있는 사람이 단 한 명도 없었지만 의미 없는 대화만이 오고 가던,

내가 갔던 모든 파티의 장소들을 떠올렸다.

나의 연구 목표는 항상, 떠났지만 여전히 곁에 존재하는 가족 구성원을 돌봐야 하는 가족의 스트레스 수준을 낮추는 방법을 배우는 것이었다. 슈얼 가족의 경우, 정식 연구 결과 못지않게 환자와 가족 모두 모호한 상실과 함께 훨씬 긍정적으로 살아가는 방법을 내게 보여주었다. 그들은 삶의 일부분을 즐거운 일로 계속 채우며 관습적인 것을 무시했고 비극에 대해 말하지 않았다. 아마도 그들의 예술적 감성이 가족의 변화에 적응하는 데 도움이 되었을 것이다. 그들은 그들의 어머니가 '떠난' 것으로 여기지 않았다. 그녀의 상태에 따라 그들의 관점을 매일 바꾸는 법을 배웠다. 그들은 심지어 그녀의 새로운 존재 방식까지 즐길 수 있었다. 확실한 것은, 모든 알츠하이머병 환자들이 그렇게 쾌활한 건 아니라고 할지라도, 슈얼 가족의 뛰어난 회복력과 창의력은 비슷한 상실에 직면한 많은 사람들에게 영감을 준다는 것이다.

모호한 상실은 만성 정신질환뿐만 아니라 일상 속 불분명한 작별로부터 생겨날 수도 있다. 흔한 예가 일에 대한 집착이다. 우리에게 소중한 이가 지속적으로 일에만 집착한다면 그가 실제로 우리 '곁'에 있다고 말할 수 없다.

부부 심리치료에서 아내 마지와의 상담을 끝낸 후, 남편 필은 늘 밖에만 있다는 아내의 불만을 잠재울 수 있을 거라고 기대하며 더 일찍 집에 오기 시작했다. 그런데 효과가 없었다. 긴장감은 계속되었다. 마지는 이렇게 말했다. "남편은 여전히 사무실에 있고 머릿속은 온통 가방에 있는 서류 생각으로 꽉 차 있어요!" 필은 아내의 말에 동의했다. "집에서도 여전히 뭔가에 둘러싸여 있는 것 같아요, 지퍼백으로 포장된 것처럼요. 집에 있을 때도 마음은 여전히 회사에 있어요."

필의 몸은 집에 있지만, 심리적으로는 외부에 있다. 사무실에 있는 게 오히려 더 나을지도 모른다. 그가 완전히 눈에 보이지 않는 곳에 머물렀을 때보다, 오히려 집에서도 부재 상태로 있는 모습 때문에 그의 아내와 자녀들은 더 많은 스트레스를 받는다. 집에 아버지가 있다고 해서 온전한 가정을 보장하진 않는다.

요즘 자녀들은 직장에서 긴 하루를 보내고 돌아오는 아버지뿐만 아니라 어머니도 기다린다. 가정 내에서 아버지는 어머니보다 주변부 역할인 경우가 많다. 심지어 집에 있을 때도, 아버지들은 서재나 차고에서 많은 시간을 보내거나 스포츠나 취미, 컴퓨터 게임, 텔레비전 시청 혹은 일에만 몰두한다. 가족이 한집에서 산다는 이유만으로 당연히 원형이 유지되는 것은 아니다.

가족 구성원들, 그리고 마지와 필을 위한 과제는 육체적으로나 심리적으로 연결을 유지하는 것이다. 예전엔 적어도 저녁 식사 자리에서는 많은 가족이 그런 관계를 유지했지만, 요즘은 그 의식이 가족들이 모두 집에 있을 때조차 종종 가볍게 끼니만 때우는 식이거나 혼자 먹는 식으로 바뀌었다. 불안한 징후들이다. 정서적으로 서로를 인식하는 정신적 교감을 함께 나눌 수 없다면 심리적 가족은 사라질지도 모른다. 대화하고, 웃고, 다투고, 경험을 공유하고, 애정 표현을 하는 그런 시간조차 없는 가족이라면 그들은 단지 같은 냉장고를 쓰는 사람들의 집합체일 뿐이다.

심리적 부재 역시 이민자 가족들이 겪는 현상 가운데 하나인데 특히 어린 자녀들에게 영향을 미친다. 종종 그들의 에미그레* 부모와 조부모는 향수병을 앓고 있으며, 멀리 있는 가족들에 대한 그리움으로 우울함을 느끼는데 이런 경우, 자녀들은 정서적으로 소외될 수 있다.

그렇다면 이민자 가정에서는 두 가지 유형—심리적 상실과 육체적 상실—의 모호한 상실이 동시에 다른 세대에 걸쳐 발생할 수 있다. 우리 가족은 나의 외할머니 엘스베트를 통해 이중의 상실이라는 유산을 경험하게 되었다. 그녀는 1909년에 기꺼이 미국으로 왔으나 대공황과 혹독한 경제적 악조건을 치른 뒤 제2차 세계대전을 겪었고, 대서양을 횡단하는 여행 자체가 불가능한 시기였기 때문에 스위스에 사는 어머니를 만나지 못했다. 여러 정황을 고려해봤을 때 그녀는 미국 생활에 적응하지 못했다. 그녀는 육체적으로 어머니, 형제, 친구, 그리고 가족들로부터 단절되어 있었고 그토록 보고 싶었던 알프

---

* Émigré. 보통 정치적 이유에 의한 망명자, 즉 'exile'의 뜻과 동일하다. 여기에서는 '이민 1세대'라는 의미로 읽어도 좋을 듯하다.

스도 볼 수 없었다. 그녀는 결국 새로운 환경에 적응하지 못했다. "외할머니 마음은 늘 스위스에 가 있었어." 어머니는 그렇게 말했다. 프로이트는 아마도 외할머니의 만성 향수병 증세에 '우울증'이라는 꼬리표를 붙였을 것이다. 어떤 병명이든, 외할머니의 육체적 상실에 대한 집착은 (후에 내 어머니가 된) 딸베레나에게 심리적인 상실을 입혔다. 언젠가 어머니에게 어떻게 상실감을 극복했냐고 물었을 때, 이런 이야기를 들려주었다.

엄마에게 온전히 다가갈 수 없었어. 내가 3학년인가 4학년이었을 때, 학교에서 집으로 돌아와보니 엄마가 미동도 없이 창밖을 내다보고 있는 거야. 언제나 동쪽을 향하고 있었지. 그녀는 모국어로 "하이메트랜드"**를 보고 있다고 말했어. 침대는 흐트러진 채, 아침 식사가 담겨 있던 접시들은 그대로 테이블 위에 있었고, 저녁 식사는 전혀 준비되지 않은 상태였어.

**   Heimatland. 독일어로 '모국'을 뜻한다.

그때도 엄마의 행동이 이상하다는 건 알았단다. 다른 엄마들은 그렇지 않았으니까.

나이가 들면서 엄마가 온전히 현재에 머물고 있지 않다는 걸 알게 되었어. 언제나 그녀의 마음이 스위스에 가 있다고 말할 수 있을 만큼 분명하게. 처음엔, 그런 엄마의 마음을 되돌리려고도 해봤어. 하지만 그때마다 몹시 분노하면서 우리에게 화풀이하곤 했지. 특히 나에게 퍼부었고. 열 살 때, 한번은 엄마가 자살하겠다고 협박하는 바람에 나는 엄마가 우울해 보일 때면 방해하지 않고 그대로 둘 수밖에 없었어. 결국, 엄마는 방으로 들어가 누웠고, 그렇게 아파 누워 있으면, 집안일이나 동생들 돌보는 일은 모두 내 몫이 되었지.

엘스베트의 우울증과 그 원인은 의심할 여지 없이 복합적이지만, 가족들의 도움이 필요할 때 육체적으로 어머니와 자매로부터 단절된 상태로 있다는 사실이 그녀의 고통을 증폭시켰다. 결국, 그녀는 기능 장애를 갖게 되었고 심리적으로 자신의 딸에게 부재한 엄마로 남게 되었다. 어린 베레나는 스스로 살아가야 했다.

8학년을 마쳤을 때, 나는 다른 집에서 '식모살이'를 했어.[7] 집주인 여자는 요리하는 법과 집을 깨끗이 청소하는 법을 가르쳐주었지. 여느 집 엄마처럼 날 대한 건 아니었지만 적어도 내게 뭔가를 가르쳐주었고, 말도 걸어줬어. 나는 가정마다 삶의 모습이 다르단 걸 알게 되었어. 열여덟 살이 되었을 때, 나는 이웃 농장에 사는 스위스 이민자와 결혼했지. 그는 나에게 잘해주었어. 나는 결혼 후 더 나은 삶을 살게 되었고 예전의 삶은 지웠어. 난 엄마 잘못이 아니었다고 생각해. 엄마는 결코, 결코 이 나라에서 사는 일에 익숙해지지 않았을 뿐이니까. 남편과 자녀들에게 발이 묶이고, 돈도 없었으니 꼼짝을 못 했겠지. 엄마는 돌아갈 수도, 앞으로 나아갈 수도 없었던 거야.

엘스베트와 베레나의 경우에서 보듯이, 다른 이

민자 부모들과 그들의 자녀들은 모호한 상실에 대처하기 위한 그들만의 방법을 반드시 찾아야 한다. 이러한 상실은 일반적으로 의학, 종교 또는 법률 전문가들이 다루지 않으며 친구나 친척들은 이러한 현상이 존재하는지조차 인식하지 못한다. 아무에게도 검증받지 못한 채 해결되지 않은 슬픔은 괴로움을 더욱 안겨줄 뿐이다. 이웃들은 그저 "무슨 불평을 하는 거야? 여기 있는 게 행운이지." "남편이랑 애도 있잖아. 다른 누가 더 필요해?" "엄마를 다시 못 만나더라도 아직 살아 계시는 것에 감사하라고"라는 식으로 말한다. 부분적 상실은 다른 사람들에 의해 쉽게 이해되지 않으므로 이를 경험하는 사람들은 더욱 혼란스럽다.

의사들은 종종 해결되지 않은 슬픔 증상을 호소하는 환자에게 항우울제를 처방한다. 대부분의 경우 확실히 도움이 되지만, 모호한 상실감을 안고 살아갈 수밖에 없는 가족 구성원들에게는 충분하지 않다. 만약 전문 심리상담사들이 환자들을 건강하고 생산적인 삶을 영위하도록 돕고자 한다면, 먼저 그들의 이야기를 들어야 한다. 그들이 겪고 있는 스트레스에 관해 묻고, 확실한 증상들—혹은 그 증상자—에만 초점을 맞춰서는 안 된다. 사람들이 육체적 또는 심리적 증상을 보일 때 숙련된 의사의 정기적인 평가가 필요하지만, 그들의 가정생활도 반드시 함께 살펴보고 총체적으로 고려해야만 한다. 가족은 우리의 가장 가까운 환경이다. 따라서 가족 안에서 발생하는 확실한 상실이나 모호한 상실은, 자신의 고통을 극복하고자 노력하는 사람들을 돕기위한 최상의 방법을 결정하는 데 특히 중요한 역할을 한다.

4장

끝나지 않는 상실

평범한 사람도, 마치 처음부터 그랬던 것처럼, 가슴에 두 개의 영혼이 있다.

—오이겐 블로일러, 『정신의학 교과서』

모호한 상실을 경험하는 사람들은 상반되는 생각과 감정들로 가득 차 있다. 그들은 회복될 가망 없이 병든—혹은 오랫동안 의문의 실종 상태에 있는—가족이 죽을지도 모른다는 두려움을 느끼는 한편, 하루빨리 종결짓고 헛된 기다림이 끝나기를 또한 희망한다. 그들은 심지어 사랑하는 사람이 자신을 불확실한 상태에 빠트린 사실에 분노를 느끼다가 그런 생각을 한 것에 대해 죄책감에 사로잡힌다. 더욱이 가족 구성원들 간의 해결되지 않은 슬픔이 받아들여지지 않을 때, 이러한 상반된 감정들로 인해 증가하는 긴장 상태는 가족의 일상을 마비시킬 정도로 압도적이다. 그들은 결정을 내릴 수도 없고, 행동할 수도 없고, 떨쳐내지도 못한다.

한 세기 이상의 시간 동안, 양가성의 개념은 심리학과 정신의학에서 중요하게 다루어졌는데 주로 상반되는 감정 충동에 초점을 맞추고 있다.[1] 그것은 일반적으로 사람이나 고착된 생각에 대한 긍정적인 감정과 부정적인 감정 사이의 갈등을 나타내는 것으로 이해된다. 양가성의 해결은 본질적으로 자신의 상반된 감정을 제대로 인식할 수 있도록 돕는 것에 달려 있다. 심리적인 관점에서 보자면, 관계에 대한 어떤 감정들은 무리보다 개인의 의식에 접근하기 더 쉽다는 게 문제다.

그러나 사회학은 다른 관점을 제공한다.[2] 이 견해에 따르면 양가성은 인식(역할과 지위의 사회적 정의)과 감정(조건과 학습된 행동을 포함) 요소들의 복합적인 결과로부터 비롯된다. 따라서 이러한 관점으로 보자면, 양가성이란 응당 가족 구성원으로 간주되어야 할 사람들이 누구인지 알 수 없는 애매한 구조에서 기인한다고 할 수 있다. 정신 내면에서 종종 충돌하는 상반된 감정들은 이러한 불확실성의 결과로서 존재할지도 모른다.

양가성은 가족의 외부적 결함—끝내 실종자를 찾지 못하거나, 의료진들이 명확하게 진단을 내릴 수 없거나, 또는 치명적인 질병을 치료할 수 없을 때—에 의해 대개 그 정도가 심해진다. 사람들은 그런 모호함 때문에 상황을 이치에 맞게 받아들이지 못하고 감정적으로 반대 방향으로 끌려간다. 예를 들면, 한 사람에 대한 사랑과 미움, 돌보는 역할에 대한 수용과 거부, 상실에 대한 확언과 부정 등을 들 수 있다. 사람들은 종종 감정을 억제해야 한다고 느끼며 사회 통념상 화를 내는 것은 부적절하고, 더나아가서는 그런 부정적인 감정들이 실종자 가족이나, 치매 부모, 혼수상태에 빠진 자녀들에게 해를 끼친다는 생각에 자신을 통제한다. 이런 것들이 간병인이나 기다리는 역할을 주로 맡게 되는 여성들을 옥죈다.

복합적인 감정은 분리 상태가 돌이킬 수 없는 상실의 가능성과 결합할 때 쌓인다. 사랑하는 사람을 다시는 만나지 못할 가능성이 있을 때, 우리는 그 사람을 잃을지도 모른다는 전제로부터 자신을 보호하기 위해 애증의 감정을 갖게 된다. 배우자와 적당한 거리를 두거나, 부모와 티격태격하거나, 심지어 곁에 있는 형제자매를 내쫓기도 하는 양상이 발생한다. 상실을 예상하면서 사랑하는 이에게 매달리고, 또 동시에 밀어내는 셈이다. 우리는 그들이 떠난다는 사실에 저항하는 동시에 작별 인사를 나누며 마무리 짓고 싶어 한다.

베트남 상공에서 위험한 임무를 수행 중이던 군 조종사의 부인들은, 그들이 하와이나 방콕에서 남편들과 재회하면서 보낸 마지막 며칠의 휴가가 종종 나쁘게 끝났었다고 내게 말했다. 어떤 부부는 싸우거나 다른 한쪽이 싸움을 중단했거나, 혹은 누군가는 혼자 떠났거나 또 다른 누군가는 멍하니 허공만 응시했다. 한 아내는 "남편이 떠나기도 전에 벌써 헤어진 것만 같았어요"라고 말했다. 그러고 나서 그녀들에게 죄의식이 싹텄다고 했다.

나는 위의 상황보다 덜 심각한 경우—예를 들어 자녀가 대학에 진학하느라 집을 떠날 때—에서도 사랑하는 가족과 작별을 고하는 사람들에게 비슷한 점을 엿볼 수 있었다. 이것 역시 모호한 상실이다.

새 학년이 시작되는 매년 가을, 부모들은 이 시기에 양가적 감정을 경험한다. 그들은 행복하지만 동시에 자녀들이 집을 떠나는 걸 지켜보는 것이 슬프다. 마치 이별 연습이라도 하려는 듯 부모들은 때때로 그들이 집을 떠나기 전 싸움을 건다. 임박한 상실은 일상의 상황에서도 양면성을 보이는 생각과 감정을 초래한다.

비록 이런 상반된 감정이 인간관계에서 일반적이라고 하더라도, 사랑하는 사람의 행방이 몇 년째 모호한 경우라면 치명적으로 작용할 수 있다. 자식을 포기한 어머니의 예를 생각해보자. 1940년대, 여자는 선원과 깊은 사랑에 빠졌는데, 그는 결혼하기 전 죽었고 여자는 아들을 낳아 입양을 보냈다. 반세기 후, 그녀는 TV 인터뷰에서 "앞으로 50년 동안 매일매일 이 아이를 생각할 것이다"라고 말했다. 인터뷰 진행자가 물었다. "그럼 아기를 포기한 것을 후회하나요?" 여자가 대답했다. "여러 감정이 섞여 있어요." 그녀는 자신의 복합적인 감정들은 사회가 그녀의 아들을 어떻게 대할지 모를 두려움에서 싹텄다고 설명한다. 1940년대, 미혼모를 엄마로 둔 자녀들은 동네에서 소외당했다. 그녀의 아들은 미혼모의 자식이라는 오명을 썼을 것이다. "자녀가 정상적인 가정에서 자랄 기회가 왔을 때 기뻤어요." 그녀가 말했다. 그리고 같은 호흡으로 덧붙였다. "그 아이를 한시도 잊어본 적이 없어요."

이 여성의 자식에 대한 끊임없는 반추는 양가성을 드러내는 지표이지만, 이 양가성은 심리적 결핍이 아니라 사회적 규범에 따라 유발된 것이다. 몇 년 후 인터넷으로 끈질기게 문의한 결과 그녀는 마침내 아들을 찾았는데 우연의 일치였는지 아들 역시 엄마를 찾고 있었다. 재회 후 그녀는 이렇게 말했다. "자식을 입양 보내는 건 인생 처음 몇 장이 통째로 사라진 거나 마찬가지예요. 이제 난 내 인생의 잃어버린 페이지를 찾았어요. 이야기가 완성된 것 같아요."[3]

모호한 상실은 부부나 가족의 명확한 경계를 흐리게 하며 가장 친밀한 관계에 의문을 갖게 만든다. 누가 경계 안에 있고 누가 밖에 있는지 불분명하다. 공포와 분노가 혼란스럽게 뒤섞인다. 나는 상담자로부터 "내가 아직 엄마인가요?" "내게 남편이 있는 건가요, 없는 건가요?" "내가 정말 결혼했나요?"라는 질문을 종종 받는다. 모호한 상실을 경험하지 않는 가족 내에서도 누가 가족 구성원인지에 대한 합의가 형성되지 않는 경우가 많다. 여러분의 자녀나 배우자에게 가족 경계를 상징하는 동그라미를 그려달라고 부탁해보자. 가족 안에 있다고 느끼는 사람들은 모두 동그라미 안에 있을 것이며, 각각의 가족 구성원들이 얼마나 서로 가까운지 드러날 것이다. 아마도 여러분은 그 모든 차이에 놀랄 것이다. 가족이라는 경계 안에 있고 밖에 있는지를 결정하는 것은 결국 개인의 문제이지만, 만약에 부부나 가족이 이러한 일로 갈등 없이 지내려면 누가 그들의 내부를 구성하는가에 대한 약간의 동의가 필요하다. 가족에 대한 정의는 가정마다 크게 다를 것이다. 예를 들어 재혼 가정과 초혼 가정, 다른 문화의 수용 정도까지도 차이로 작용할 것이다. 그러나 가족 구성원들 사이에 약간의 이해가 존재하는 한, 사람들은 모호한 상실의 심각한 영향으로부터 벗어날 수 있다.

가족 내에서 많은 목소리가 그런 결정을 끌어내

는데, 분명한 것은 어떤 목소리는 다른 목소리보다 영향력이 더 크다는 것이다. 서로 분쟁 중인 부부의 자녀들은 부모 모두를 가족으로 볼 수 있지만, 부모들은 격렬하게 그에 동의하지 않을 수도 있고 서로를 가족 경계 밖의 구성원으로 볼 수도 있다. 이것은 결혼, 이혼, 재혼 혹은 결혼 여부와 상관없이 일어날 수 있다.

예를 들어 만약 자녀의 생일 파티에 부모 중 한 명이 참석한다면, 다른 쪽은 참석하지 않은 경우가 종종 있다. 명절 때가 되면 더 심하다. 만약에 부모가 다만 몇 시간이라도 같은 공간에 함께 있는 것을 참을 수 없다면, 자녀들은 어른들처럼 여러 집을 정신없이 돌아다녀야만 한다. 자녀들은 결국 양쪽 부모 중 한 사람을 따로 만나야 한다는 상당한 긴장감 때문에 양가적 감정을 느낀다. 서로 전쟁 중인 부모 사이에 끼어, 그 자녀는 움직일 수 없다. 가족의 경계가 늘 합의되어야 하는 것은 아니지만 가족 내 인식의 차이가 점점 심해진다면 모호함은 결국 양가성을 초래하고, 결과적으로 관계는 병들게 된다.

재혼한 가족 구성원에게 '그의 자녀들', '그녀의

자녀들', '그들의 자녀들' 그리고 친척, 친가나 외가, 여러 조부모까지 더해지면 질문에 대한 답은 더욱 복잡해진다. 그런 상황에서 가족 구성원들이 가족의 경계를 종종 다르게 인식하는 것은 놀랄 일이 아니다. 재혼 가정에서, 어머니나 아버지에게 새로운 배우자가 있는 경우의 자녀들은 비록 혼란스럽기는 하지만, 비거주 부모의 부재를 상실로 볼 수 있다. 이혼합의서에 의해 자식을 따로 양육하기로 합의한 때도 자녀들은 상실로 받아들일 수 있다. 그들의 가족 경계 안에 누가 남았는지 불확실하므로 양가성을 경험할 수 있다. 이 아이는 내 남동생인가요? 아니면 내 아버지의 여자 친구의 아들인가요? 내 엄마야? 아니면 아버지의 아내야? 엄마의 새 남편이 이제 내 아버지인가? 아니면 그냥 엄마의 남편인가? 확실한 건 아무것도 없는 채로 남겨진 감정들이 뒤섞인다.

양가성은 이혼하지 않았을 때도 가족의 기본 구조를 손상시킬 수 있다. 가끔 위험한 결과들이 있다. 어머니의 침대에 두 번씩이나 불을 질렀다는 열다섯 살 소녀의 가족을 상담하게 되었다. 트리시는 치

료를 위해 보호시설에 머물고 있었는데 퇴원을 앞
둔 상태였다. 나는 딸이 집에 적응하는 것을 돕기 위
해 가족을 준비시키기로 되어 있었다. 아버지를 제
외한 모든 가족은 딸이 다시 집으로 온다는 사실에
긴장했다. 어머니와 아버지는 서로 심하게 반목하
고 비난하는 관계 속에 있었다. 부부는 다른 문화권
에 속해 있었는데 아버지는 그리스, 어머니는 미국
중서부 출신으로, 이상적인 부부 관계와 가족 관계
에 대한 잣대가 서로 크게 달랐다. 그는 가부장적이
었고 많은 시간 가정을 떠나 있었음에도 자신이 결
정자라고 느꼈다. 어머니는 그가 없었을 때 자녀들
을 돌보며 가정을 꾸려나갈 수 있었지만, 그에게 더
많은 것을 갈망했다. "엄마는 재밌는 게 별로 없어
요." 자녀 중 한 명이 말했다. 그녀도 동의했다. 남편
이 말하길, 그가 일하지 않거나 전문직 종사자를 위
한 학회에 참석하지 않을 때, 미국에 사는 형제들
을 방문하면서 시간을 보내는 것을 좋아했다. 아내
는 한숨을 쉬었다. "나는 가족을 위해 온 힘을 다하
는데, 도대체 '어느' 가족을 위한 거죠? 남편이 시댁
식구들과 함께 있는 동안, 나는 집에 발이 묶여 있어

요. 대부분의 시간을 아이들에게서 한시도 눈을 뗄 수 없어요." 그래서 내가 물었다. "만약에 자녀들이 잠시라도 알아서 지낸다면 무엇을 제일 하고 싶으세요?" 그녀의 반응은 즉각적이었다. "저는 남편에게 '주말에 놀러 가자!'라는 말을 한 번이라도 들었으면 좋겠어요." 그녀의 남편은 아무것도 못 들은 사람처럼 불합리한 이유를 주절거렸다. "저는 집에 있을 때, 가족들과 함께하는 것만으로도 만족해요. 모두 함께요. 다 같이 있으면 기분이 좋아요." 나는 그에게 미국에 올 때 떨어진 가족처럼 지금의 가족도 똑같이 살기를 바라느냐고 물었다. 처음으로 그의 눈가가 축축해졌다. 하지만 그는 재빨리 그런 기분에서 빠져나왔다. "그곳에서는 내 아버지가 법이었어요."

이 가족을 보니 방화를 저지른 딸만이 걱정인 게 아니었다. 다른 심각한 문제들의 흔적을 볼 수 있었다. 장남은 자신이 원하는 것을 어머니가 하지 않았을 때 즉각 반항했다. 아버지는 그런 아내 편에 서지 않았고, 아들에게 그런 행동을 멈추라는 말도 하지 않았다. 어머니는 자기편은 아무도 없다고 느꼈고 특히 그녀의 딸까지 돌아오는 이 상황에 겁이 나 있었다. 아버지는 딸이 집으로 돌아오기를 원했고, 자신이 마지막 결정권자라고 생각했다.

매우 심각한 상황이었기 때문에, 나는 동료 심리상담사에게 도움을 요청했다. 또한, 위스콘신대학교의 칼 휘태커와 의견을 나눴다. 그는 "엘렉트라 콤플렉스"*라고 중얼거렸다.[4] 그리고 "하지만 전체 사진을 꼭 보세요"라고 덧붙였다. 휘태커는 전체 맥락이 개별적인 문제를 다루는 데 핵심적인 역할을 한다고 믿었다.

가족들이 상담을 위해 다시 방문했을 때, 나와 동료 심리상담사는 트리시가 가족과 함께 참석한 것을 보고 깜짝 놀랐다. 그녀는 어머니의 공포에도 불구하고 적응 방문을 위해 집으로 왔던 것이었다. 나는 즉각적인 위험을 감수하면서 어떻게 이 젊은 '엘렉트라'와 함께 무의식적인 욕망과 성적 상징을 언급하는 상담을 진행할 수 있을지 궁금했다. 하지만 상담이 진행되면서 트리시는 중요한 정보를 폭로했

---

*　어린 여자 자녀가 아버지에게 무의식적으로 애정을 갖게 되는 증상.

다. 그녀가 무심코 "첫 번째 화재"에 대해 언급했을 때, 나는 그녀가 어머니의 침대에 저지른 첫 번째 방화의 의미로 알아들었다. "아니요." 그녀가 말했다. "첫 번째 불! 여름 캠프에서 내 옷에 불이 붙었을 때였어요. 캠프파이어 주변에서 마시멜로를 굽고 있었어요. 온몸에 화상을 입었죠."

나는 깊게 심호흡을 했다. 그 화재에 대해 아무도 언급하지 않았었다. 시설에서 받은 보고서에도 없었던 내용이었다. 나는 전화로 그녀를 담당했던 심리상담사들에게 이 화재에 대해 알고 있는지 물었다. "아니요." 그들이 대답했다. 트리시가 외부에서 경험한 트라우마가 가족을 거의 혼란에 빠뜨릴 뻔했는데 놓친 것이었다. 모든 치료가 트리시의 정신에만 초점이 맞춰졌고 정작 그녀의 경험이나 가족, 이 모두를 함께 살펴보는 문제는 빠져 있었다.

우리는 몇 주 동안 이 충격적인 사건에 관해 이야기했지만, 가족의 고통은 화재보다 오히려 모호한 상실에 더 집중된 것으로 보였다. 어머니는 트리시가 3도 화상을 입고 병원에 입원해 있던 끔찍한 며칠 동안 남편이 학회에 참석하고 없었다는 사실을 다시 떠올리며 오래된 분노를 터트렸다. 그녀는 그때, 그가 필요했다. 화상을 입은 피부를 제거하는 날 (트리시에게는 악몽처럼 고통스러운 경험이었다), 그는 집에 못 온다는 전화를 걸어왔고 어머니는 혼자 딸의 고통을 지켜볼 수밖에 없었다. 그녀는 그토록 힘든 시기에 곁에 없었던 남편을 절대로 용서할 수 없었다.

이 가족을 위해 심리상담사가 사용할 수 있는 몇 가지 방법이 있었지만, 첫 번째 화재가 가족들의 잘못이 아니라는 한 가지 사실은 분명해졌다. 그럼에도 이 가족의 고통은 딸의 3도 화상으로 인한 트라우마보다 컸다. 모든 곳에 불확실성과 방치로 인한 고통의 흔적이 남아 있었다. 실제로 부부는 힘든 시기에 서로의 곁에 없었고, 자녀들을 위해서도 함께 존재하지 않았다. 이 가족이 다른 복잡한 문제들을 안고 있다고 할지라도, 그들의 고통을 증폭시킨 주된 원인이 모호한 상실이라는 사실은 분명해 보인다. 아버지는 아내와 자녀들을 위해 곁에 있지 않았고, 집에 있을 때조차 권위주의적이었으므로 여전히 먼 곳에 떨어져 있는 사람이었다. 그의 심리적 부재에 더해서 그는 원가족原家族에게 깊이 집착하고 있었으며, 때때로 아내와 자녀들과 함께하는 것에 대해 양가적 감정을 느꼈다. 그는 고국과 그의 가족들을 그리워하면서도, 이제는 만날 수 없는 권위주의적이었던 자신의 아버지에 대한 풀리지 않는 분노의 문제도 터트렸다. 그의 아내가 겪는 모호한 상실의 중심에는 부재—대부분 육체적으로 그리고 거의 항상 심리적으로—한 남편과의 결혼 생활이 있었다. 자녀들의 모호한 상실은 아버지가 집에 있어도 심리적으로 부재하는 환경과 그런 남편의 부재에 항상 전전긍긍하는 어머니에게서 싹텄다. 마침내, 가족 전체가 서로에게서 멀어졌고, 욕설이나 위협 없이는 자유롭게 말하고 소통하기가 어려웠다. 서로를 위해 존재하는 가족들은 아무도 없었다. 부모는 물론 자녀들도 친밀감과 거리감, 사랑과 증오, 분노를 표현하거나 숨기는 것에 대해 모두 양가성을 지니고 있었다.

일반적으로 자녀들과 부모들은 부재와 존재에 대한 느낌을 덜 위험한 방식으로 드러낸다. 서로에 대해 이중적인 감정을 갖는 것은 정상인데, 부모는 자너를 가까이 두고 싶은 마음과 동시에 한편으로는 그들이 자유롭게 날기를 원하고, 자녀들은 떠나고 싶으면서도 또한 부모들 곁에 머물고 싶어 한다. 그러나 대부분 경우, 양가성은 의식적이다. 우리는 그것에 관해 이야기하고, 심지어 농담도 한다. 대화는 종종 우리를 모호함에서 비롯된 복잡한 감정으로부터 구해준다.

그런데 때때로 우리는 사랑하는 사람의 부재나 존재에 대해 분명한 대답을 원하지 않을 수도 있다. 이런 일이 일어나면, 모호함은 커진다. 중국 주재 프랑스 외교관 갈리마르가 여자라고 생각하는 오페라 가수와 25년간의 연애를 유지하는 연극 〈M. 버터플라이〉의 이야기를 살펴보자.[5] 마음만 먹으면 성별에 대한 검증은 가능한 일이었고, 버터플라이가 갈리마르의 호기심을 잠재우기 위해 그의 앞에서 옷을 벗겠다는 제안까지 했다. 하지만 진실을 알고 싶지 않았던 갈리마르는 이를 거부한다. 그의 성적 성향에 대한 이러한 양가성은 버터플라이의 성별에 대해서도 막연함에 익숙해지며 둘의 관계에 내재한 모호성을 유지한다. 사랑하는 상대가 남자일 수도 있다는 생각을 받아들일 수 없는 남자라면, 모르는 것이 아는 것보다 안전하다.

실화를 바탕으로 한 이 연극은 사실은 존재하지만, 그 사실을 무의식적으로 알고 싶지 않은 심리를 보여준다. 갈리마르가 의심할 때마다 버터플라이는 뭔가 할 이야기가 있다는 듯 눈을 내리깔며 말한다. "나는 수줍음이 많아, 여성에게 요구되는 중국의 관습처럼. 하지만 당신이 그렇게 알고 싶다면, 당신이 보는 앞에서 옷을 다 벗고 누울 수 있어. (······) 당신을 몹시 사랑하기 때문이야." 이는 궁극적으로 이중 은폐였고 갈리마르는 항상 물러섰다. 버터플라이는 갈리마르에게 그의 자식이라고 믿는 아이를 보여주기도 했다. 그들의 관계가 그렇게 오랫동안 유지되었던 이유가 갈리마르의 잠재적인 동성애 성향 때문이었는지 아니면 버터플라이가 감쪽같이 속일 만큼 완벽하게 행동해서였는지 모르지만, 두 사람이 20년 이상 함께 사는 동안 갈리마르는 그 사실에 대해 명확하게 받아들인 적이 없었다.

비록 나는 갈리마르—또는 베티 콕스의 연인이자 재즈 뮤지션인 빌리 팁턴(본명 도로시 루실 팁

턴)의 관계―처럼 극단적인 양가성을 가진 연인들을 본 적이 없지만, 존재 또는 부재하는 가족 구성원이 분명하게 드러나지 않아서 복합적인 감정을 느끼며 사는 부부나 가족은 보았다. 그런 감정을 느끼는 가족들은 사랑하는 이가 가족 안에서 어떤 상태로 있는 것인지 혼란스러워하지만, 다른 사람들의 눈에는 분명하게 보인다. 사람들은 이렇게 말할 것이다. "정신 차려! 네 아버지는 더 이상 운전을 하면 안 돼. 심지어 그는 자신이 어디로 가고 있는지도 몰라." "네 어머니는 단순 건망증이나 노화가 아니라 치매야, 환자라고. 더 이상 스토브를 쓰게 내버려두면 안 돼." "네 아버지는 실종됐어, 찾지 못할 거야. 찾는 걸 포기해." 이런 말들은 누군가에게는 받아들이기 쉽지 않다. 상실 자체를 완전히 돌이킬 수 없는 상태로 간주하는 말이기 때문이다. 우리는 당연하게도 슬픔을 선택하는 것보다 오히려 양가성을 선호하는데, 어떤 현상이 더 나빠지지 않고 현 상태를 유지하는 것만으로도 잠시 죄책감에서 벗어날 수 있기 때문이다. 아직 아무것도 상실하지 않았기 때문에 누구도 비난받지 않는다.[6]

양가성과 모호성 사이에서 일어나는 상호작용에 현대의 반전이 숨어 있다. 의료 기술은 병을 진단하고 특정 질병에 걸릴 사람들을 미리 식별하는 데 있어 큰 발전을 이룩했고, 때문에 그와 관련된 정보를 얼마나 미리 파악할 것인지 여부는 이제 스스로 결정해야 한다.

예를 들어, 건강검진을 통해 유방암, 전립선암, 에이즈, 루게릭병, 헌팅턴병, 그리고 알츠하이머병 같은 심각한 질병까지 밝혀낼 수 있다. 검사를 통해 질병에 걸린 사람을 식별하거나 병에 걸릴 가능성이 있는 사람들을 명확하게 구별할 수 있으므로, 많은 사람이 결과를 아는 것에 대해 양가적 감정을 느낀다는 이유로 검사 자체를 거부하기도 한다. 사람들은 자신의 미래를 아는 것보다 모호함을 선호한다. 모르고 있을 때 무서운 질병을 피할 수 있다는 희망의 가능성을 허용하는 것이다. 하지만 진실의 암흑 속에 있기를 선택할 때는 대가가 따른다. 헌팅턴병 환자를 아버지로 둔 아들이 같은 병에 걸릴 확률과 걸리지 않을 확률이 반반인데도 검사를 거부하는 예를 생각해보자. 50퍼센트의 가능성에도 불구하고 그는 결혼이나 자녀 갖기를 거부한다. 자신의 운명에 대한 모순적 태도는 미래를 향한 개인적 포부나 연인과의 친밀한 관계 맺기를 방해한다. 결국, 그의 연인은 그를 포기하고 떠난다. 비록 그는 잠재적 고통으로부터 자신을 보호했지만, 행복할 기회를 놓쳤다.

대부분 모호한 상실의 경우, 사람들은 자신들이 처한 상황을 명확하게 설명해줄 정보를 적극적으로 찾아 나서지만, 사용 가능한 정보가 없다. 내가 만나본 실종된 군인 가족들, 에이즈나 알츠하이머병 환자의 연인이나 배우자들, 그리고 실종된 자녀의 부모들은 사랑하는 사람의 상태에 대한 정보를 필사적으로 찾는다. 그들이 현실을 거부하는 것이 아니라 입증할 수 있는 사실이 없을 뿐이다. 그러한 상황에서 모호함은 양가성을 키운다. 사람들은 결혼해야 할지 독신으로 남아야 할지, 희망을 품어야 할지 포기해야 할지, 실종된 사람을 증오해야 할지 사랑해야 할지, 떠나야 할지 머물러야 할지, 포기해야 할지 기다려야 할지, 결정을 내릴 수 없다. 알츠하이머병 환자의 가족들은 종종 분노와 슬픔 사이에 있다.

끝없는 보살핌의 요구에 분노하고, 사랑하는 이를 잃게 되어 슬프다. 평생 의미 있는 대화를 나누며 살아온 사람과 더 이상 교감을 나눌 수 없는 상태가 된다면, 대부분은 양가성을 보일 수밖에 없을 것이다. 그러나 그러한 복합적인 감정이 변화를 위한 결정 능력까지 차단한다면 사람들은 결국 현재 상태에서 굳어지고 말 것이다.

플로리다에서 겨울을 보내고 봄에 돌아온 부부의 사례를 보자. 지난 1년 동안 알츠하이머병을 앓고 있는 남편과 관련해 가장 스트레스를 받는 일을 설명해달라고 요청했을 때, 부인은 그들의 여행담을 들려주었다. 시카고를 경유하는 중이었는데, 운전을 하던 남편이 갑자기 혼란스러워하는 통에 길을 잃었다. 부인은 그러한 상황에 분명히 겁을 먹었지만, 남편이 다음 플로리다 여행에서는 다시 운전할 것이라고 믿기로 마음먹었다. 내가 그 이유를 물었더니, 그녀의 복합적인 감정들이 확연히 드러났다. 그녀는 남편에게 더 이상 운전해서는 안 되겠다는 말을 어떻게 꺼내야 할지 몰랐다고 했지만, 사실 더 큰 이유는 그녀도 장거리 운전을 해본 적이 없었고, 운전할 수 있을 거라는 자신도 없었다. 운전 강습을 받아 기술을 업데이트하는 것보다 부인은 양가성을 유지하며 위험한 현재 상황을 부추기는 격이 되어버렸다.

비록 모호함과 양가성을 안고 사는 게 문제를 일으킬 수 있지만, 반드시 그런 것만은 아니다. 한번은 가족들과 시카고에서 일어났던 일에 대해 이야기하면서 부인이 직접 운전대를 잡는 것이 어떻겠냐는 의견이 나왔다. 안전을 위해 그녀가 운전해야 한다는 상황을 모두 받아들였고, 딸은 교통량이 적은 일요일에 고속도로 운전 연습을 시켜주겠다고 제안했다. 예순네 살의 부인은 자신이 운전을 할 수 있을 뿐만 아니라, 잘한다는 사실 또한 알게 되었다. 그녀는 미리 노선을 계획하기 위해 자동차 클럽에 도움을 요청했고, 부부는 다시 한번 플로리다를 방문했는데, 이번에는 그녀가 운전자 역할을 맡았다. 자식들의 도움 덕분에 부인은 더 이상 새로운 역할에 대한 양가적 감정을 느끼지 않게 되었다.

이 이야기를 들으며, 나는 가부장제 문화권 사람들은 어떻게 그러한 문제들을 해결하는지 떠올렸다. 오지브와*족과 캐나다 크리** 부족 사람들은 부모 없이 크는 자녀들에 대한 많은 이야기를 내게 들려주었다. 대부분은 부모가 부재할 때 조부모가 자녀들을 양육할 것이기 때문에 상황이 심각하게 치명적이지는 않았다. 또한, 도움이 필요할 때면 이모, 고모, 삼촌들이 부모 자리를 대신 채워줬다. 만약에 우리가 가족 역할과 가족이라는 정의에 대해 좀 더 유연하게 대처할 수 있다면 사랑하는 사람의 부재나 존재와 상관없이 양가성을 덜 느낄 것이다.

아마도 자녀와 어른이 쉽게 접근할 수 있는 가족 경계 유연성의 가장 좋은 예를 보여주는 것 가운데 하나가, 스티븐 스필버그 감독의 영화 〈이티E.T.〉를 꼽을 수 있다.[7] 이 영화에서 외로운 열 살 소년 엘리엇은 온화한 외계인을 만난다. 둘의 깊은 우정은 아버지의 빈자리와 너무 바쁜 어머니로 인한 엘리엇의 결핍을 채워준다. 이티와 엘리엇은 교감을 나누지만, 이티는 집을 그리워한다. 이티가 자신의 별로 돌아가지 못하면 죽을 거라는 걸 엘리엇이 깨달았

---

*　　북미 원주민 부족.
**　　캐나다 중부에 많이 사는 북미 원주민.

을 때, 그는 양가적 감정을 느낀다. 그는 이티가 살아 있길 원하는 동시에 그가 돌아가는 걸 원치 않는다. "여기에서 같이 살 수 있어, 누구도 너를 해치지 못하게 할 거야." 그가 이티에게 말한다. 그러나 이티의 호흡은 점점 가빠지고, 죽음 가까이에 이르더니 결국 숨을 멈춘다. 하지만 그는 살아난다! 엘리엇은 양가적 감정을 극복하고 행동에 옮기는데, 이티를 데리러 온 우주선이 있는 곳으로 서둘러 간다. 이티는 "집"이라고 말하고, 엘리엇은 그 말이 작별 인사를 의미한다는 걸 알지만 이티가 살 수 있는 유일한 방법이라는 것도 알고 있다. 떠날 때가 되었을 때, 이티는 엘리엇에게 "이리 와"라고 슬프게 말하고 엘리엇은 "여기 있어줘"라고 말하는데, 이는 떠나지 말라는 의미이다. 그들은 한숨을 내쉬며 긴 포옹을 나눈다. 이티의 몸에서 그르렁거리는 소리가 따뜻하게 흘러나온다. 그들은 서로를 바라본다. 엘리엇은 "내 곁에 있어줘"라고 말한다. 그러고 나서 경이로운 일이 일어난다. 이티는 불 켜진 그의 손가락을 엘리엇의 이마에 갖다 대며 "바로 여기에 있을게"라고 말한다. 그들은 헤어지고, 이티는 천천히 우주선을 향해 걸어간다. 우주선의 문이 닫힌다. 이티가 보이지 않는다. 엘리엇은 행복한 동시에 슬프다. 비록 이티의 육체적 존재를 잃었지만, 이티는 그의 기억 속에 영원히 존재할 것이다. 그는 접속의 경험이 그를 변화시켰음을 깨닫는다.

오늘날 영화 〈이티〉는 소아정신과 연구원들에게 정서적 환기의 자극이 심박수, 호흡에 미치는 변화와 천식 환자 아동의 감정적 반응 연구를 위해 사용된다.[8] 연구자들은 이 연구를 통해 스트레스가 많은 가족의 양상, 부모의 불화, 그리고 자녀들의 정서적, 생리적 기능 사이의 관계가 밝혀지기를 희망한다. 스필버그 감독이 수십 년 동안 머릿속으로, 어쩌면 무의식적으로, 부모의 이혼으로 슬픔에 빠진 어린 소년을 구출해내는 특별한 친구에 대한 환상적인 〈이티〉의 이야기를 구상했다는 점이 흥미롭다. 실제로, 영화 〈이티〉는 양가성이 섞인 모호한 상실의 경험이 일으키는 고통의 은유적인 예로 볼 수 있다.

실제로 모호한 상실 및 양가성과 영화 〈이티〉의 작별 장면에 나타난 천식 아동의 반응 사이에는 긴밀한 연관성을 엿볼 수 있다. 엘리엇처럼 천식 환자

아동들은 이티가 떠날 때 슬픔과 행복 두 감정을 느낀다는 보고가 있으며, 생리학적으로 자율신경계 기능 변화로 불안정해져서 감정이 격변하는 경향을 보인다. 또한, 아이들의 산소포화도(폐 기능의 간접 반사작용)는 이별 장면에서 불안정한 수치를 드러낸다. 연구자들은 이러한 결과를 복합적이고 상반된 감정으로 인해 나타난 것으로 본다. 연구의 입증과 함께 모호한 상실과 양가성이 생리학적 반응으로 연결되는 고리를 살펴보면, 정서적 스트레스로 인해 육체적 질병을 얻은 어린이들을 위한 예방과 치료에 대한 통찰력을 제공할 수 있을 것이다.

사람들의 정신과 자아에만 집중한다고 해서 항상 양가성이 사라지는 것은 아니며, 어쩌면 그들이 모든 증상을 자신의 탓으로 여기게 될 여지도 있다. 양가성 해결에 대한 기존의 접근 방식은 사람들에게 감정의 양면을 인식하도록 돕는 데 달려 있지만, 모호한 상실로 인해 복합적인 감정이 드러날 때는 외부 상황도 함께 다루어져야 한다. 실종된 자녀가 발견되고, 고통스러운 말기 질환을 오래 앓고 있던 배우자가 평화롭게 생을 마감하고, 실종된 군인의 유골이 마침내 발견되어 명예롭게 전사했음을 알게 되었을 때, 비로소 모호함이 완벽하게 정리될 것이다. 그러나 그러한 이상적인 결말이 항상 가능한 것은 아니다. 가능하지 않으므로, 모호한 상실은 양가적 감정을 불러일으킨 책임이 있는 것으로 분류되고 입증이 필요해 보인다. 힘든 상황에서 복합적인 감정을 느끼는 것은 오히려 당연한 일이다. 불행한 상황들이 그들의 잘못으로 초래된 것이 아님을 안다면, 감정의 모든 변화를 제대로 인식할 수 있도록 도와주는 치료나 상담에 보다 덜 저항하게 될 것이다.

5장

사랑하기 때문에
– 희망과 절망 사이

내가 연구 보조원과 함께 중서부 소도시에 사는 존을 인터뷰하기 위해 그의 집을 방문했을 때, 그의 아내 사라는 알츠하이머병 말기 단계 환자였다. 그녀는 거실에 마련된 병실용 침대 위에 태아 자세로 웅크린 채 누워 있었고, 몸을 일으키고 자세를 바로 잡을 수 있도록 침대 옆에는 리프트가 설치되어 있었다. 사라가 음식을 삼킬 때마다 기도가 막힐 위험성이 있었기에, 존은 아내를 위해 튜브로 영양을 공급한다는 결정에 어렵게 승낙한 참이었다.

나는 가족 스트레스 이론의 롤러코스터 모델을 준비해서 이 부부를 방문했었다. 의심의 여지 없이 이 남편은 인생의 위기를 막 겪은 듯한 상태로 보였다. 그는 아내가 굶어 죽게 내버려둘 것인지, 아니면 튜브로 영양분을 공급해 그녀의 삶을 무한정 연장할 것인지 결정해야 했다. 나는 존에게 이와 같은 갈등이 알츠하이머병과의 싸움에서 가장 힘든 일이었는지 물었다. 그의 대답이 "네"일 것이라고 예상했었다. 그런데 아니었다. 이는 나와 다른 연구자들이 그동안 수행해온 가족 스트레스와 위기에 관한 연구 결과에 이의를 제기한 것과 다름없었다.[1]

존은 아내의 죽음이 단계적으로 진행되고 있으며, 음식을 삼킬 수 없는 상태는 단지 그녀가 병중에 겪는 많은 위기의 연속 가운데 하나일 뿐이라고 말했다. "다른 위기는 뭐가 있었나요?" 내가 물었다. 그는 내 연필을 집어 들더니, "제가 한번 그려볼게요"라고 말했다. 존은 아래를 향해 뻗어 있는 계단을 그렸다. 그러고 나서 각각의 계단마다 새로운 위기 표시를 했다. 계단이 하나씩 아래쪽으로 내려갈 때마다, 그는 혼란스러움을 느꼈고 한동안 상황을 통제하기 위해 어떻게 해야 할지 몰랐다고 말했다.

존은 그림의 가장 꼭대기 계단에서, 첫 번째 위

기를 설명했다. "아내가 집 안에서 길을 잃었어요."
그는 몹시 당황해서 어떻게 해야 할지 몰랐다. 잠시
후, 그는 용기를 내어 사라를 의사에게 데려갔다. 알
츠하이머병일지도 모른다는 상상이 그를 두렵게 만
들었다. "그런데 지금은, 우리가 직면하고 있는 게
뭔지 알아요. 내가 집안일을 맡았고, 우리는 계속 그
렇게 지내고 있어요."

두 번째 위기는 존이 더 이상 사라와 함께 여행할
수 없다는 것을 깨달았을 때 찾아왔다. 여행은 둘이
함께 살아온 삶에서 가장 중요한 부분이었기에, 대
단히 큰 상실이었다. 슬픈 감정은 한곳에 발이 묶였
다는 감정과 함께 뒤섞였다. 그러나 시간이 흐를수
록 존은 아내가 다시는 여행을 떠나지 못할 거라는
사실에 나름 적응했다. '여행'이라는 개념을 자신을
위해 낚시를 하거나 골프를 치는 당일치기 휴식으
로 생각을 바꿨다.

여행 금지 위기에서 회복했을 때쯤 또 다른 위기
가 찾아왔다. 존은 세 번째 계단에 이렇게 썼다. "사
라는 밤에 돌아다닌다." 밤만 되면 횡설수설하는 소
리 때문에 그는 더 이상 숙면을 취할 수 없었고, 계

속 사라를 찾으러 다녔으며 그녀를 침대로 데려가기 위해 애썼다. 이 위기 역시 의학적 도움과 약물 치료 덕분에 마침내 해결되었다. 하지만 그 뒤로 더 많은 위기가 찾아왔고 그의 감정평가 수치는 대부분의 항목에서 낮게 나왔다. 존은 네 번째 계단에 '실금失禁'이라고 말하며, "정말 위기가 나를 덮쳤죠"라고 덧붙였다. 다섯 번째, 사라가 거의 죽을 뻔했던 '폐렴', 여섯 번째, "나를 더 이상 못 알아봐요." 그리고 일곱 번째, "튜브식, 가장 힘든 거죠." 존이 설명했다. "죽음 전 마지막 단계라는 것을 알기 때문이에요." 사실 내가 존을 방문했을 때, 그는 그가 겪었던 희망과 절망의 긴 터널을 지나 마지막 추락 지점에 서 있었다. 그는 결국 마지막 계단을 가리켰다. "죽음이 될 겁니다." 그가 말했다. "아직 도착하지는 않았지만요." 그로부터 5년 후, 사라는 여전히 생존해 있었다.

존의 반응이 매우 중요한 이유는 건강한 간병인들조차 장기간의 모호한 상황에 직면하면 자신의 삶을 관리하기 힘들다는 것을 보여주기 때문이다. 자신의 삶에 대한 장악력이 떨어지면 무력감을 느끼게 될 뿐만 아니라, '실제'로 무력해진다. 많은 사람이 이로 인해 우울증을 겪는다. 하지만 우리는 존과 같은 사람들로부터 알츠하이머병과 같은 질병에 대처하는 데 꼭 비탄에 빠져 지낼 필요가 없음을 배운다. 존은 매번 위기에 직면했으나 적절한 결정을 내려서 대처했고, 상황이 심각하지 않을 땐 휴식을 취하거나 휴양을 하고, 공동체와 이웃들로부터 지속적인 도움의 손길을 받아들였다.

존과 같은 간병인들은 비록 사랑하는 사람이 회복 불능의 장기질환 환자라 할지라도, 자신에게 안정을 주는 것들을 병행함으로써 종종 뒤따르는 일상의 스트레스를 관리하는 게 가능하다는 걸 발견했다. 존에게는 매주 목요일 골프와 일요일 교회 참석이 힘이 되었다. 다른 누군가는, 자신의 이야기를 들어주고 도움을 줄 수 있는 친구가 곁에 있거나 다른 사회적 또는 영적인 도움으로 지탱한다고 말할 수도 있을 것이다. 하지만 주변 사람들이 모호한 상실을 정신적 외상을 초래할 정도의 상실로 이해하지 않는다면, 의미 있는 도움은 기대하기 힘들다. 존의 이웃들은 그가 겪고 있는 어려움의 깊이를 이해했기 때문에 그는 운이 좋은 편에 속했다. 그들은 존의 집을 방문하면서 그의 아내의 병세가 점점 악화되고 있다는 사실을 목격했다. 그들은 존에게 친구들과의 만남이나 여가 활동이 필요하다는 걸 알았고, 그도 그런 휴식을 통해 아내에게 불성실하지 않을 수 있었다.

불행하게도, 모든 공동체가 간병인이 필요한 것까지 헤아리지는 못한다. 오히려 그들의 나약함을 탓하거나 도움의 손길을 묵인하는 경향도 있다. 다른 사람들의 상실감은 우리 자신의 취약성을 상기시켜주므로 불안감을 자극할 수 있다. 만약 우리가 존의 처지에 놓여 있다면? 혹은 그의 아내의 처지와 같다면? 우리라면 그 압박감을 감당할 수 있을까? 또 다른 경우, 모호한 상실이 너무 오래 지속될 수밖에 없는 상황이라면 이웃과 친구들에게 요청되는 도움의 수준 또한 강도 높다는 이유로 외면당하게 된다. 존이 경험한 스트레스의 변동이 언젠가 우리 대부분도 다양한 각도로 영향을 받게 되리라는 걸 깨닫는 것이 중요하다. 다시 상황이 바닥으로 내려갈 가능성—또는 다른 일시적인 도움 기간—에도 불구하고 안정감을 찾을 수 있고 결국 상황에 대처하는 방법을 찾는 것이 가능해진다. 인간의 경험이 늘 확실성이나 예측 가능성을 갖는 것은 아니지만 가족 구성원들, 친구들, 이웃들, 영적인 믿음에서 얻는 도움들로 인해 불가피한 감정 기복을 극복하며 견디는 법을 배우게 된다.

이 고통스러운 과정에서, 상황을 더 힘들게 만드는 것 중 하나는 부정否定이다. 때때로 사람들은 자신이 사랑하는 사람이 상실의 위협에 직면했을 때, 다른 사람들이 보는 것을 안 보려 하고, 듣는 것을 안들으려 하며, 고통스러운 현실을 인정하기를 거부한다. 부정은 종종 방어 기제로 여겨지며, 그래서 왜 사람들이 최악의 경우로부터 자신을 보호하기 위해 불확실성에 기대는지 알 수 있다. 예를 들어, 사랑하는 사람이 실종자로 분류된 후 정말 죽었는지, 불치병으로 진단받은 가족이 정말로 죽게 되는지, 모두 불분명한 상황 속에서 사람들은 당연히 희망에 기댄다. 그런데 낙천적인 성격의 특징 가운데 하나로 보이는, 희망에 기대는 행동은 모호한 상실에서는 유용하게 작용할 수 있다. 클라인 가족의 경우가 그렇다. 내 동료가 1989년 11월 12일자 《미니애폴리스 스타 트리뷴》에 실린 광고를 내게 보여주었다.

켄, 데이비드, 댄 클라인. 1951년 11월 10일 이후로 행방불명. 우리는 아직도 너희들 소식을 기다리고 있단다.—엄마, 아빠가. [두 개의 전화번호도 함께 기재되어 있었다.]

우리는 이 부부를 인터뷰하기 위해 약속을 잡고 미네소타주 몬티첼로로 가서 그들의 이야기를 들었다.[2]

1951년, 그들의 네 아들 중 세 명(네 살에서 여섯 살)이 매일 뛰어놀던 집 근처 놀이터에서 사라졌다. 넷째 아이는 풀어진 신발 끈을 고쳐 매느라 멈췄고, 놀이터에 도착했을 땐 이미 그의 형제들이 사라지고 없었다. 두 아이의 털모자 두 개는 나중에 미시시피강에서 발견되었다. 아이들이 사라진 후 고통스러운 몇 주를 보낸 그들의 부모, 베티와 케니 클라인은 이 모든 것이 악몽이며 곧 끝날 거라는 희망을 버리지 않았다. 베티는 매우 자세하게 그러한 심리 상태를 설명했다. "차가 천천히 집 앞을 지나갈 때마다, 밤에 문이 쾅 소리를 내며 닫힐 때마다, 우리는 아이들이 집으로 돌아왔다고 생각했어요……. 너무 힘들더라고요. 우리가 얼마나 눈물을 흘렸는지 당신은 모를 거예요……. 저 뒤 계단에 앉아서 가슴이 찢어질 듯 울곤 했어요. 그리고 자주, 음……. 사람들에게, 묻곤 했어요, 혹시 비탄에 빠져본 적이 있느냐고, 난 있다고."

40년이 더 흘렀지만, 클라인 가족은 실종된 자녀들이 집에 돌아오기를 바라며 여전히 신문에 광고를 내고 있다. 어떤 심리상담사들은 이를 "환상 건축"이라고 부르며, 실종된 아이를 찾을 수 있다는 성공 가능성에 대한 지나치게 낙관적인 판단이 해를 끼치는 게 아니라, 오히려 상실에 대한 가족의 적응력을 강화한다는 이유로, 자신을 보호하는 이러한 행동을 장려하기도 한다.[3] 그러나 실제로, 아래의 소식을 접한 클라인 부부의 희망은 환상이라고만 치부할 수는 없다. 《미니애폴리스 스타 트리뷴》신문 기자 더그 그로우는 최근 1996년 10월 10일, 애리

조나에 사는 트럭 운전사가 자신이 클라인 집안의 실종된 아들 중 한 명인 데이비드라며 전화를 걸어 왔다고 보도했다. 남자는 클라인 가족에게, 가족의 이야기는 오직 가족들만이 알고 있을 거라고 말하며 여름에 그들을 만나러 오겠다고 약속했다. 가족들의 희망은 커졌지만, 남자는 오지 않았다. 유일하게 남은 막내 아들은 기자에게 말했다. "우리 모두 얼마 동안은 희망으로 치솟았지만, 더 이상 흥분하지 않게 되었어요."

우리 대부분은, 단념하지 않기 위해 관계를 지속하는 경향이 있다. 일단 애착을 갖게 되면 끊어지는 것에 저항하게 되고, 그래서 사랑하는 누군가가 의문의 실종을 당하는 상황과 맞닥뜨리면 부정은 이해할 수 있는 반응이 된다. 클라인 부부처럼, 사랑하는 사람의 실종을 경험한 다른 많은 가족들도 가끔 보고되고 목격되는 기적 같은 현실 때문에 계속 희망을 유지하게 된다. 내가 클라인 가족의 경우에서 확인한 것은 무의식적인 부정이라기보다는 희망적인 낙관주의의 표현이다.

상실감이 점진적으로 커지는 가족들도 고통에 대

한 방어책으로 희망에 매달린다. 언젠가 말기 암에 걸린 한 여자의 자서전을 읽은 적이 있는데, 딸은 어머니가 앓고 있는 병의 심각성을 부정한다. 말기 암 투병 중이던 작가는 어머니가 죽어가고 있다는 사실에 저항하던 딸과의 대화를 묘사했다. 그들의 대화는 희망을 포기한다는 것의 어려움을 여실히 보여준다.

> "이제 내가 죽는다는 걸 받아들일 준비가 되었니?" 나는 딸에게 물었다. "전보다 더 준비됐냐고?" 아이는 매우 경직되어 있다. 내가 병중에 있을 동안 아이는 열여섯 살에서 스무 살이 되었다. "'준비'됐어." 아이가 결국 그렇게 말했다. "그런데 그건 너무 비인간적인 말이야. 그냥 조금 익숙해졌다고 할래." 우리는 울었다.[4]

딸은 상황을 부정하던 지점에서 마지못해 받아들이는 쪽으로 변했다. 모호함이 줄어들 때의 비통한 감정은 점차 건강한 방향으로 극복될 수 있다. 위 모녀의 경우, 어머니는 자신에게 임박한 것, 즉 죽음이라는 꼬리표를 붙임으로써 자신의 상태를 가족들에게 명확히 알리는 데 도움을 주었다. 이러한 분명함을 통해 부정은 잠식되고 희망은 좀 더 현실적인 목표를 향해 바뀔 수 있다. 딸은 엄마가 회복되리라는 희망을 품는 대신, 고통 없는 죽음을 바라는 마음으로 건너간 것이다.

하지만 때때로 희망을 놓을 수 있을 만큼 모두에게 충분한 시간이 주어지는 것은 아니다. 나의 언니 엘리는 항상 아름다운 밝은색 옷과 진한 향수, 큰 보석을 착용하고 다녔다. 언니는 나보다 두 살 위였는데, 내가 처음 학교에 입학했을 때 친구들이 나를 괴롭히면 언니가 대신 상대해주곤 했다. 언니가 고등학교를 졸업하고 교육대학으로 진학할 때까지 18년 동안 우리는 비좁은 농가의 침실을 같이 썼다. 나는 그곳에서 늦은 밤 언니가 잠들기를 기다렸다가 시카고에서 송출하는 라디오 방송을 틀어놓고 대도시로 탈출하는 상상을 하곤 했었다. 하지만 언니는 도시에 대해 전혀 관심이 없었고, 평생을 위스콘신주 우리 고향 근처에서 살았다. 언니는 그 지역 고등학교 수석 교사가 되었고 그녀가 가르쳤던 여러 세대

학생들에게 크게 존경받았다. 매년 여름 유럽으로 떠나는 수학여행이 언니에게 작은 마을의 경계에서 탈출하는 유일한 순간이었다. 그녀는 기발하게도 자기만의 출구를 찾아낸 것이다.

나의 탈출은 그리 우아하지 않았다. 나는 이혼과 함께 폭발하듯 그곳을 영원히 떠났다. 그러나 우리 자매는 서로 어디에 있든, 주말마다, 그리고 우리가 드물게 함께하지 못했던 명절에도 전화통을 붙잡고 있었다. 우리는 임신과 출산, 육아를 하는 동안 서로를 살펴주었으며 언니의 아이들과 내 아이들은 종종 하나의 대가족처럼 조화롭게 자랐다. 우린 서로의 목표—대부분 학위를 끝내는 일들—를 실행에 옮길 수 있도록 서로의 아이들을 돌봤다. 우리가 함께 늙어가지 않을 거라는 생각은 단 한 순간도 해보지 않았다.

나는 가족심리치료 학회가 있었던 로마에서 언니에게 마지막으로 전화를 걸었다. 언니가 아픈데 걱정할 정도는 아니라는 내 딸의 전화를 받고 난 직후였다. 나는 당황해하며 전화를 걸었다. "폐렴으로 입원했다는 소식을 들었어." 내가 말했다. "어때, 언니?" 대답이 없었다. "폐암이래." 언니가 조용한 목소리로 말했다. 난 얼어붙었고 숨이 멎는 것만 같았다. "아, 안 돼!" 나는 애원했다. "그럴 리가 없어. 담배도 안 피우잖아. 병치레도 없었고. 함께 로키산맥을 하이킹한 게 겨우 한 달 전이야. 날 앞질러 올라갔었잖아!" 수화기 건너편 언니는 아무 말도 하지 않았다. 잠시 후 언니는 결의에 찬 목소리로 말했다. "이겨내보려고 해." 나도 그 희망을 붙잡았다. "바로 집으로 갈게. 일요일에 봐."

5주 후, 우리는 언니를 묻었다. 언니는 아름다운 빨간색 드레스에 멋진 보석을 달고 잠들었다.

언니가 그렇게 아팠던 6주도 채 안 되는 기간 동안, 우리 가족은 희망과 절망을 매 순간 오갔다. 하루는 상태가 좋았고, 다음엔 숨을 쉬지 못했고, 다음엔 의사가 방사능 치료가 효과적일 거라고 말했고, 다음엔 암이 언니의 심장 내벽까지 퍼졌고, 그러고 나서 혈액 속의 산소 농도가 높아졌다는 검사 결과가 나왔고, 그다음엔, 어느 가을, 언니는 의자에 앉은 채 〈오프라 윈프리 쇼〉를 보다가 죽었다. 침몰. 여전히 암의 심각성을 부정하느라, 우린 작별 인사조차 나눈 적이 없었다.

가족들의 낙관적인 태도를 유지하기 위해 상황을 부정하는 것은 가끔 도움이 될 순 있지만, 사실 자체를 무효화시키거나 사람을 무력하게 만들 정도라면 오히려 해롭다. 이런 경우, 부정은 극적으로 대립하는 두 가지 형태를 취하는데, 둘 다 고질적이다. 극단적인 경우, 사람들은 어떤 것이든 상실했거나 상실의 조짐을 보이는 것들을 부정하고 마치 처음부터 아무 일도 일어나지 않은 것처럼 행동한다. 어느 예비 신부의 어머니는 말기 신장질환을 앓고 있었는데(외관상 전혀 아파 '보이지' 않았다), 여섯 명의 신부 들러리 드레스와 딸의 웨딩드레스를 자신이 직접 만들 수 있다고 고집을 피운다. 알츠하이머병에 걸린 70대 노인의 아들은 그의 아버지가 단지 건망증이 심하다는 이유로 운전을 그만두어야 할 이유가 없다고 말한다. 5년 전에 떠난 남편을 둔 한 여인은 그가 정신을 차리고 돌아오는 건 시간문제일 뿐이라고 말한다. 사람들은 다양한 이유로 잘못된 상황을 부정하고 진실을 들을 준비가 되어 있지 않다. 그들은 무의식적으로 현상 유지 상태에 머물면서, 아무것도 변한 것은 없으며 늘 그래왔던 것처럼 그대로라고 되뇌며 자신을 방어한다.

다른 극단적인 경우는, 사랑하는 사람이 여전히 살아 있음에도 마치 그들이 삶에서 완전히 사라진 것처럼 행동하는 것이다. 에이즈나 암에 걸린 사람을 이미 죽은 것처럼 무시하며, 더 이상 방문하거나 연락하지 않는다. 조현병이나 알코올의존증 아들을 집 밖으로 쫓아내며 혼자 힘으로 버틸 수 있을 거라고 기대하는 가족도 있다. 알츠하이머병을 앓고 있는 아버지를 둔 한 남자는 "아버지를 그냥 구석에 있는 가구라고 여기면 서로 잘 지낼 수 있어요"라고 말한다. 그리고 어떤 여자는 배우자와 헤어진 후 자녀들에게 아버지가 죽었다고 말한다. 이런 사람들은 절대적 사고의 틀 안에서 확실히 편안함을 느끼는데, 상실의 감정을 느끼지 않기 위해 사랑하는 사람이 여전히 살아 있음에도 불구하고 자신을 그들로부터 단절시킨 것이다. 그러나 그들이 아픈 가족 구성원 또는 부재중인 가족과 새로운 관계 맺기를 받아들이지 못한다면, 그들과 함께 있는 시간을 갖는 것조차 불가능하며, 이혼 가정의 경우 부분적인 부모 역할까지 차단함으로써 그들의 자녀와 손주가 받을 가족애까지 침해하게 된다.

그러나 단기적으로 봤을 때, 이런 절대적인 반응들이 언제나 제 역할을 못 하는 것은 아니다. 외상후 일시적 충격이 신체를 보호하듯, 부정 반응은 잠재적 상실로 인한 혹독한 심리적 현실로부터 잠시 분리되게 만든다. 또한, 불확실한 부재나 존재로 인해 불가피하게 발생하는 고통을 줄이는 방법이기도 하다. 그러나 부정이 극단적일 때, 남아 있는 가족들의 삶을 진전시키기 위한 변화의 길이 막히는 문제가 생긴다. 여전히 곁에 존재하고 있는 사람을 사물처럼 취급하는 것 역시 문제다. 마지막으로, 부정은 불분명한 상실에 적응하기 위한 창의적인 발상과 선택의 기회를 차단할 때 문제가 된다. 적응의 정도는 가족 관습이 중심이 되는 경우가 많다.

파킨슨병을 앓고 있는 아버지를 둔 스미스 가족은 불만을 토로하러 상담실을 찾았다. 아버지는 일요일이 되면 전통 음식을 요리하곤 했었는데, 이제 주방과 음식을 엉망으로 만들지 않고서는 불가능한 상태가 되었다. 환자를 포함한 가족들은 손이 덜 가

는 새로운 저녁 메뉴를 정했고, 팝콘과 사과로 일요
일 식사를 대신했다. 하지만 가족들은 먼저 자신의
부정을 깨야만 했다. 파킨슨병이 이제 가족의 일부
라는 사실을 받아들여야만 했다. 아버지는 예전 같
지 않지만, 여전히 거기 존재했다. 이 사실을 받아들
이고 나자, 가족에게 많은 의미를 지닌 특별한 일요
일 저녁 식사 의식을 바꿀 수 있었다. 모든 것이 사
라진 것은 아니라는 희망이 거기 있었다.

이 가족과 베티와 케니 클라인 같은 사람들은 극
단의 부정보다는 모호함에 유연하게 대처하며 산
다는 것이 무엇인지 보여준, 아마도 최고의 선생들
일 것이다. 그들은 더 이상 상실감을 부정하지 않고,
긍정적인 결과를 기대하는 희망과 행동 또한 멈추
지 않는다. 그들은 마음속으로 상반된 생각을 동시
에 품고 있다. 클라인 가족에게는, 자녀들이 아직 어
딘가에 살아 있을지도 모른다고 생각하면서, 동시
에 죽었을지도 모른다는 것을 인정하는 것을 의미
한다. 자녀들이 실종된 후, 클라인 부인은 자신들 곁
에 유일하게 남은 막내뿐만 아니라 언젠가 돌아올
자녀들에게도 집중하겠다고 말했다. 모호성에 대한

클라인 부인의 접근 방식은 학자들에게는 변증법적 사고로, 또 다른 이들에게는 미국 중서부 지역 특유의 실용주의적 이미지로 보일 수도 있을 것이다.

> 아마도 이러한 생각이 우리에게 도움이 됐을 거라고 봐요. 그게 무엇이냐면……, [남겨진 아들에게] 우리가 필요하다는 것을 언제나 알고 있었어요. 배 아파 낳았고, 그 아이가 우리를 필요로 했죠. 그래서, 당신도 알다시피, 상처를 우리 앞에 놓을 수는 없잖아요. 뒤에 놓고 살아가야죠. 그리고 이렇게 산다고 [실종된 자녀들을] 잊어버리고 산다는 말은 아니에요. (……) 그저 제 말뜻은, 음, 오늘에 집중한다는 의미예요.[5]

세 소년이 실종된 지 이제 47년이 지났지만, 기도는 계속된다. 비록 가능성은 적지만, 적어도 한 명의 아들이 아직 어딘가에 살아 있을지도 모른다는 희망의 깜박임으로 남아 있다. 그러나 클라인 가족의 희망은 현실에 맞춰졌다. 베티는 이렇게 설명한다.

내가 그 아이들[실종된 자녀들]을 위해 준비가 되어 있는지는 잘 모르겠어요.[웃음] 제 말이 무슨 뜻인지 아시잖아요. 만약 당신이 방으로 들어와서 "자, 이 애가 당신 아들이에요"라고 한다 해도, [전 준비가 안 되어 있을 거예요]……. 마음속으로는 그런 일이 일어날 수 있다고 생각하지만, 그런 일이 생길 수 있는, 가능성은 아주 희박하죠. 당신도 알잖아요, 그러니 그런 일이 일어날 가망이 거의 없고, 그리고 [웃음] 아마 이렇게 말할 거예요, "어, 그런데, 난 증거가 필요해요, 당신도 알다시피…… 내 생각엔…… 가장 믿을 만한 증거는 혈액 검사 결과니까……. 그게 우리가 할 수 있는 최선인 것 같아요. 제일 간단하고…… 그러면서도, '완벽'한 건 아니지만…… 그래도 꽤 증명되잖아요."[6]

클라인 부부가 희망을 버리지 않으면서도 잊어버리기 위해 균형을 잡는 방법을 찾은 반면에, 불분명한 상실을 경험한 다른 사람들은 새로운 상황에 적응하기가 불가능한 경우도 많다. 그 가운데 점진적 상실은 인정하기 가장 어려운 상실이다. 예를 들어, 가족의 건강이 조금씩 나빠지는 경우라면 상실의 점진적인 증가 변화를 놓치기 쉽다. 하루하루, 일상 속 초기 증세—알츠하이머병을 앓고 있는 남편이 더 자주 물건을 떨어뜨리고, 부딪히고, 자신이 한 말을 잊어버리고 반복해 말하는—들은 감지하기 힘들다. 또한, 배우자가 매일 밤늦게 귀가하다 점차 귀가하지 않는 날이 늘어나고 결국 돌아오지 않게 되어 관계가 소원해진 부부도 점진적인 상실의 경우이다. 어느 경우든, 남편들과 아내들은 서로 대화를 끊고, 명절과 생일을 함께 축하하는 것을 멈추고, 스킨십과 친밀한 관계가 사라지고, 각자의 삶을 만들다 마침내 상호 교감을 완전히 중단하게 된다. 관계가 끊어진 것이다.

절대적인 사고의 틀 안에 갇히면 높은 대가가 뒤따른다. 양쪽(누군가를 너무 빨리 포기하거나, 또는 아무것도 변한 게 없는 것처럼 행동하는) 끝에서 부정은 궁극적으로 모호한 상실에 직면한 가족들이나 부부에게 스트레스를 덜어주기보다는 오히려 가중

하는 결과를 안겨준다. 결국, 상황은 무효화되고 분리되며, 누가 부재하고 존재하는 것인지 개인적인 해석 속에 남는다. 나는 가족 구성원의 변화를 받아들이기 힘들어하는 사람들이 일상생활 속에서 제대로 기능을 발휘하지 못하는 경우를 보았다. 반항적인 한 10대 청소년은 다음과 같은 이야기를 들려주었다. "부모님이 몇 년 전에 이혼하셨는데, 엄마는 아직도 아빠가 돌아오길 기대하고 있어요. 엄마는 친구도 없고, 더 심각한 건, 아빠에게 물어보지 않고서는 어떤 결정도 못 내려요……. 그러고 나서 둘이 또 대판 싸워요. 엄마는 울면서 전화를 끊죠. 그리고 내게 어떻게 해야 할까 물어요. 제가 무슨 말을 하겠어요? 엄마는 그냥 아빠가 떠났다는 사실을 받아들이지 못하는 거예요."

가족 구성원 중 한 명 이상이 상황을 부정하는 경우가 생긴다면, 환자 및 다른 가족 구성원들이 도움을 가장 필요로 할 때 지장을 초래한다. 앤더슨 가족이 이 점을 잘 설명해주고 있다.[7] 인터뷰를 위해 두 세대의 가족들이 내 연구 보조원과 함께 참석했다(나는 카메라 뒤에 서 있었다). 앤더슨 부부는 본가에 살고 있었는데, 베스는 자신의 집에서 1.5킬로미터 정도 차를 몰고 왔고, 최근에 이혼한 데이비드는 본가로 다시 돌아와 대학원에 다니고 있었다. 성장한 다른 두 자녀, 메리와 빌은 멀리 떨어져 있는 도시에 사느라 본가에 거의 들르지 않았다. 자녀들은 모두 아버지의 치매와 부재, 존재에 대해 다르게 인식하고 있었다.

인터뷰 내내 갈등이 드러났다. 앤더슨 부인과 베스는 아버지가 치매에 걸렸다고 믿었고, 데이비드는 엄마와 누나가 지극히 정상적인 노화의 징후를 과장하고 있다고 여겼다. 알츠하이머병일 가능성이 있다는 진단에도 불구하고 데이비드는 그 사실을 부정했다. 게다가 가족들이 과민 반응을 보인다고 생각했다. "아버지는 항상 건망증이 심했어요." 그가 말했다. "난 누나가 아버지를 아이처럼 대하지 않았으면 좋겠어. 뇌가 활동적으로 움직이게 도와줘야지. 그게 아버지를 위하는 거야. 누나가 아버지를 응석받이로 만들었어." 베스는 데이비드가 집으로 돌아오고 나서 엄마의 집안일이 늘었다고 대답했다. "바로 '네'가 응석받이야." 그녀가 빈정거렸다.

아버지를 인터뷰실에서 다른 곳으로 옮긴 후, 가족들은 계속 대화를 이어갔다. 갈등은 더 심해졌다. 엄마는 데이비드의 계속되는 부정을 꾸짖었다. 엄마와 딸은 데이비드가 아버지를 보살피는 것을 도와주지 않는다고 화를 냈다. 데이비드는 그들이 아버지를 지나치게 보호하는 것에 대해 화를 냈다. 베스가 남동생에게 아버지가 어떻게 변했는지 이해시키려고 하자 긴장이 고조되었다. 그녀는 전날 아버지가 한 발은 테니스 신발을, 다른 한 발은 구두를 신었다고 데이비드에게 말했다. "아버지는 항상 옷차림에 대해 매우 꼼꼼한 사람이었잖아." 그녀가 말했다. 앤더슨 부인은 바로 목소리를 높였다. "얘야, 상황을 직시해야지. 이건 오랜 시간이 걸리는 일이고 어차피 받아들일 수밖에 없다." 데이비드가 저항했다. "받아들이고 싶지 않아요! 만약에 누가 문제가 있으면 도우면 되죠. 엄마는 그냥 아버지가 병이 있다고 말하고 굴복하잖아요. 엄마는 그냥 메이오 클리닉에 데려가고, 운동시키고, 좋은 식단 짜고, 그게 아버지를 돕고 있다고 생각하지만 실은 더 악화시킬 뿐이에요!"

가족의 갈등은 계속 고조되더니 어느 순간 갑자기 분위기가 바뀌었다. 데이비드는 차분하게 상황을 인정하기 시작했다. "아버지가 '그 병'에 걸린 거 알아요." 하지만 굴복하기엔 너무 이르고 아마도 치료법이 있을 거라며 여전히 부정했다. 동생이 아버지의 상황을 인정하자 베스는 조금 누그러지며 그에게 도움이 필요하다고 말했다. "아버지가 나약해지도록 도와주는 거 말고, 아버지랑 함께할 수 있게 우리를 도와줘." 데이비드는 마침내 조용해졌고 그의 목소리가 갈라지기 시작했다. "부모님 뵙기가 힘들어……." 데이비드의 말이 끝나기도 전에 베스가 그의 말을 중단시켰다. 인터뷰 진행자가 그런 그녀를 말렸다. 데이비드는 잠시 침묵을 지키다 다시 입을 열었다. "뭔가 잘못된 건 알아."

잠시 말이 없던 베스가 입을 열었다. "재미있네. 전에는 그런 말 한 적 없잖아." "글쎄, 분명히, 뭔가 잘못됐어." 데이비드가 얼굴을 가리고 흐느끼기 시작했다. "내가 뭘 어떻게 해야 하지……. 대학원을 그만두고 아버지 기저귀 갈면 돼?" 베스는 그의 말에 이렇게 대답했다. "우리가 그런 걸 부탁하는 게 아니야." 데이비드가 계속 말했다. "아버지가 병을 극복하는 데 도움이 될 만한 것을 찾고 싶어. 그래야 우리가 모든 걸…… 지금까지 해왔던 그 방식 그대로…… 바꿀 필요 없이. 사실 난 그게 너무 화가 나……. 왜 우리는 그냥 늘 하던 대로 계속하면 안 돼?" 베스는 조급해진 목소리로 딱 잘라 말했다. "글쎄, 뭔가 '이미' 변했으니까!"

위 가족들의 대화는 극단의 부정뿐만 아니라, 가족들이 함께 힘을 모으면 변화가 진행될 수 있음을 동시에 보여준다. 데이비드는 엄마와 베스가 마치 아버지를 죽은 사람인 양 취급하고 더 이상 아버지에게 발언권을 주지 않는, 이 모든 잘못된 상황을 부정하는 것이다. 그리고 다른 자식들, 메리와 빌은 고통을 피하고자 멀리 떨어져 있었다. 남은 가족들은 아버지의 부재나 존재에 대한 이견으로 이 어려운 시기 동안에 일체의 기능을 발휘하지 못했다.

"당신은 변화를 받아들이는 대신 힘들게 버티려고 노력했군요." 인터뷰어가 데이비드에게 말했다. 그리고 앤더슨 부인과 베스에게 이렇게 말했다. "그동안 환자를 열심히 간호하고 관리하다가 이제 힘이 부치는 모양이에요." 이렇듯 다른 견해에 대한 공감 때문이었는지 가족의 분노는 진정되고 말다툼은 중단되었다. 인터뷰를 마무리하기 좋은 시점이었다. 하지만 바로 그때, 마지막 순간 데이비드는 인터뷰어를 향해 눈을 돌리더니 조용히 물었다. "그 병은 항상…… 점점 더 심해지나요?"

이들 가족은 이미 알츠하이머병을 통해 무엇을 상실했는지에 대한 공통된 이해심을 보여주기 시작했고, 그 경험이 각자에게 안겨준 의미를 감사하게 받아들였다. 들으려고 하고 따르려고 하는 그들의 모습을 통해 인식이 변하고 있음을 알 수 있다.[8]

장기 모호함을 겪고 있는 가족을 상담할 때, 상담자로서의 나의 기본 목표는 그들이 함께 앉아서 이야기할 수 있는 장소를 제공하는 것이다. 전통적인 심리학에서는, 안전한 환경이라고도 알려져 있다. 내가 지향하는 또 다른 목표는, 가족들에게 그들이 경험하는 상실에 대한 부정심리를 최소화하고 필요한 선택과 결정을 내릴 수 있도록 가능한 많은 종류의 정보를 주는 것이다. 대부분의 부부나 가족들에게는 '심리교육적 접근법'이라고 불리는 이런 종류의 치료법은 대처 과정을 폭넓게 이해하고 받아들이는 데 도움이 된다.

이 접근법은 가족 구성원들이 높은 인지 능력과 정상적인 감정 기능을 지녔다고 추정하며 접근하는 방식인데, 이는 정확히 나의 의견과 일치한다. 대부분의 가정은(전부는 아니지만), 전문 심리상담사들이 생각하는 것보다 더 많은 대처 능력을 이미 내재하고 있다. 그러므로 가족 구성원들에게 가족 내에서 무슨 일이 일어나고 있는지 개별적으로 물어보는 것이 꼭 필요하다. 누가 부부나 가족 관계에 속해 있고, 누가 빠져 있는지 혼란을 느끼는 경우가 있나요? 불분명하게 남은 상실감을 가진 적이 있나요? 그렇다면, 이것이 각자에게 어떤 의미인가요? 일단 가족들이 자신들의 삶에서 일어나는 상황을 모호한 상실로 인식하고 이름 붙인 뒤, 앞으로 나아가지 못하는 불능 상태가 그들의 잘못이 아니라는 걸 깨닫게 되면, 부정을 방어 기제로 삼을 가능성은 더 낮아지고 중요한 결정들을 내릴 수 있는 가능성은 훨씬 커진다. 그들은 그들의 삶에 대한 통제력을 되찾고 다시 앞으로 나아간다.

결론적으로 부정은 피할 일도 아니고 지지할 일도 아니다. 이는 기능적인 요소와 반기능적인 요소, 두 가지 모두일 수 있는 복합 반응이다. 분명한 것은 심리 분석이나 심리치료 등의 혜택을 받지 않은 평범한 사람들도 자신의 반응은 잘 인식할 수 있으며, 상황을 바라보는 시선이 건강한지 부정적인지 자신에 대해 평가를 내릴 수 있다는 것이다. 그들이 만약 불분명한 상실을 반드시 감수해야 하는 상황 속에 있다면 꼭 필요한 요소들이다. 가족심리상담사들은 그들의 부정 심리를 병리학적으로 이름 붙이기보다는, 그들이 희망과 절망을 오가다 결국 무너지고 마는 특정한 상황(점점 상태가 나빠지는 질병이나 다른 상실)들에 대처할 수 있도록 필요한 정보를 제공할 수 있다. 모호한 상실에도 불구하고 앞을 향해 나아갈 수 있는 돌파구를 제시해주는 것은 낙관주의와 현실적인 사고의 결합이지만, 그들은 먼저 자신들이 속해 있는 공동체와 더불어 전문적인 공동체로부터의 이해와 지원이 필요하다.

6장

상실을 각자, 그리고 함께
겪어야 하는 '가족'

헤럴드, 난 당신이 언제 돌아올지 알 수 없었어……. 어느 날 아침 눈을 뜨고 당신의 죽음을 받아들이기로 결정하기 전까지, 나는 그렇게 5년 동안 한곳에 머물며 당신을 기다렸어. 당신이 죽지 않았다고 해도, 내게는 죽은 사람이었어. 당신을 더 이상 끌고 가지 않기로 마음먹었어. 그래서 마음속으로 당신을 죽였어. 당신을 묻었어. 당신을 애도했어. 그리고 내게 남겨진 것들을 끌어모아 당신 없는 삶을 살았어.

　　　　　　　　　—오거스트 윌슨, 『조 터너의 왔다가 사라진』

고통스러운 상실에 직면한 가족들은 무언가가 변했다는 것을 영원히 부정할 수 없다. 언젠가는 그들의 친척, 친구, 또는 상황 그 자체로부터 실종자의 상태를 어떤 식으로든 정의하도록 압력을 받게 된다. 이런 분위기로 인해 남겨진 가족들은 이용 가능한 모든 정보를 바탕으로 불분명한 상실의 결과에 대해 최선의 추측을 낳게 된다. 실전 수행 중 베트남에서 행방불명된 아들과 동생이 25년 후에 귀국할 확률이 있을까? 수술 불가능한 종양을 진단받은 아버지는 돌아가실까? 친모나 친부와의 재회가 입양아에게 긍정적인 일일까? 실종된 아버지가 돌아올

까? 나는 이런 것들을 '패밀리 갬블The Family Gamble'이
라고 부른다.

이러한 개인적 판단들은 위험하다. 아버지가 죽
을 거라는 확률에 기댄다고 가정해보자. 이 판단의
결과로, 가족들은 아버지가 이미 죽은 것처럼 생활
의 질서에서 그를 제외한다. 만약에 아버지가 차도
를 보이고 회복하게 된다면, 가족들은 그에 맞춰 상
황을 재편성해야 그를 다시 집으로 데려올 수 있
을 것이다. 긍정적인 결과가 나오더라도 가족 체계
의 이 끊임없는 재주문으로 인해 가족 구성원이 들
어왔다 나가고 다시 들어오는 상황으로 스트레스가
생긴다. 그와 반대로, 만약에 아버지가 회복될 거라
는 확률에 기댄다면 상실이나 변화에 대해 아무 준
비를 하지 않은 채 죽음을 맞이하게 되고 가족들은
또한 그에 맞춰 다시 움직여야 한다. 그러나 결정의
불확실성에도 불구하고, 가족들은 그들의 상실 상
태에 대해 경험에서 우러난 추측을 내리는 것이 불
확실한 상태를 무한정 지속시키는 것보다 낫다. 패
밀리 갬블은 모호한 상실로 인한 감정의 롤러코스
터에서 벗어나는 하나의 방법이다.

때때로 패밀리 갬블이 성과를 거두기도 한다. 룬드 부인은 5년 동안 혼수상태에 빠진 남편을 보러 요양원을 매일 방문했다. 그는 승마하다 떨어져 머리를 다쳤다. 의사들이 남편의 의식이 돌아올 확률이 희박하다고 말했지만, 그녀는 여전히 젊은 남편의 손을 잡고 "내 말 들리면, 내 손을 꽉 잡아요" 하고 말하곤 했다. 그녀는 매일 남편에게 자녀들과의 시시콜콜한 시골 생활 이야기들을 들려주었다. 어느 날 마침내 그녀의 노력은 보상받았다. 그가 아내의 손을 꽉 쥐었다. 남편은 서서히 정상으로 돌아왔고 결국 집으로 돌아오게 되었다.

그러나 패밀리 갬블이 항상 이런 식으로 끝나는 것은 아니다. 많은 사람이 그렇게 강한 인내심으로 오래 견딜 힘과 결단력을 가지고 있지는 않다. 변화된 현실에 적응하기보다는 원상태로 돌아가기를 기다리는 사람들에게 신문과 잡지에 실린 기적적으로 회복된 사람들의 이야기는 희망을 안겨준다. 룬드 부인의 오랜 시도는 놀라운 결과를 이루었지만 모호한 상실의 이야기는 좀처럼 그렇게 좋게 끝나지 않는다.

때때로 가족들은 잘못된 결정을 내리고, 다른 사람들은 같은 결정을 할까 두려운 나머지 위험을 감수하는 것조차 거부한다. 실전 중 실종되었던 군인 마테오 사보그를 찾으려던 수년간의 노력이 헛수고로 돌아가자, 그의 가족은 그를 죽은 것으로 받아들이기로 했다. 가족들은 그의 상태를 '작전 중 실종MIA'에서 '작전 중 사망 추정PKIA'으로 변경해줄 것을 정부에 요청했다. 베트남전쟁기념관에 새겨진 그의 이름 옆에는 그가 죽었음을 의미하는 십자가 표식이 있다. 그러나 26년 후, 사보그는 뜻밖에도 연금을 신청하기 위해 조지아에 있는 사회보장국 사무실에 나타났다. 알고 보니 그는 1970년 베트남에서 임무를 끝내고 조지아에 있는 그의 집으로 귀가하지 못했다. 캘리포니아에 사는 사람이 길에서 헤매고 있던 그를 발견하고 집으로 데리고 간 후 그들과 함께 26년간을 산 것이었다. 베트남전쟁기념관에 새겨진 그의 이름 옆에는 유감스럽게도 여전히 십자가 표식이 있지만, 관공서 기록은 "발견되었음"으로 정확히 수정되었다.[1] 다른 실종 병사들이 돌아올 가능성은 없지만, 실종자 가족들은 종종 이런 이야기에 희망을 걸고 동시에 가능성이 희박하다는 걸 깨닫는다.

다른 어떤 가족들은, 특히 질병이나 기다림이 오랫동안 계속된 상황에서 자신들이 옳은 결정을 내렸는지 아닌지 계속 의문을 품고 살아가기도 한다. 텍사스에 사는 한 아버지는 성인이 된 두 딸의 도움을 받으며 집에서 아내를 돌보기로 했다.[2] 그녀는 알츠하이머병 말기 환자였는데, 음식을 삼키지 못할 뿐만 아니라 폐렴까지 앓고 있었다. 그는 아내를 보낼 마음의 준비가 되어 있지 않았다. 그러나 한편 현실을 인정했다. "저는 제 딸들이 삶의 많은 부분을 포기한 것에 대해 무척 마음이 아픕니다. 집에 이런 일이 없었다면 큰딸은 지금 당장에라도 결혼할 겁니다." 그의 작은딸은 연애를 포기하고 대학까지 중퇴하며 집에서 아버지를 돕고 있는데, 어머니를 걱정하는 만큼 아버지를 염려한다. "저는 아버지가 이 일을 끝내고 계속 살아가야 할 이유를 찾을 수 있을지 걱정돼요." 젊은 두 딸들이 직면한 갬블은 죽어가는 어머니를 위해 자신의 삶을 일시 보류할 것인가, 혹은 자신들의 삶 속에서 어머니를 누락시킬 것인가이다. 아버지는 언젠가 두 딸들이 더 이상 아내를 돌볼 필요가 없게 될 때 정상적으로 사회에 복귀해 적응하기를 바라면서도, 한편으론 걱정이 여전히 남는다.

절대적인 긍정이나 비관적인 위치에서의 갬블은 위험을 동반하지만, 좋은 결과가 나올 확률이 높으면 가족들은 마치 상실이 회복될 수 있을 것처럼 행동하면서, 희망을 갖도록 서로를 격려하게 된다. 1980년대 가족심리상담사들은 전쟁포로나 실종자 가족들과의 인터뷰에서 얻은 유용한 정보들을 이란 내 미국 인질 가족들을 돕기 위한 안내지침서 개발을 위해 사용했다.[3] 인질들이 이란에서 안전하게 귀환할 것이라는 여론이 지배적이었기 때문에, 가족들은 그들이 여전히 살아 있는 것처럼 행동하라는 분위기를 수용할 수 있었다. 생일이나 명절 때면 선물을 사고, 가족들의 기념 행사들을 녹음하거나 녹화했다. 사랑하는 이가 여전히 가족 안에 존재한다고 믿으며 언젠가 그들이 집으로 돌아왔을 때 자연스럽게 가족들 삶 속으로 스며들 거라고 여겼던 것이다. 가족들은 상실로 인한 근심을 최소화하기 위해, 사랑하는 사람들이 돌아올 것처럼 계속해서 그런 상징적인 행동들을 이어갔다. 갬블은 성공했다. 1981년 1월 20일, 테헤란에 444일 동안 인질로 잡혀 있던 모든 미국인들이 안전하게 집으로 돌아왔다.[4]

그러나 회복 가능성이 희박한 알츠하이머병, 말기 암, 헌팅턴병, 혹은 에이즈가 전신에 퍼진 경우, 한쪽의 확률에 극단적으로 치우친(상실이 완전히 끝난 것으로 취급하거나 혹은 아무 일도 일어나지 않은 것처럼 행동하는 경우) 갬블은 덜 합리적일 수 있다. 이러한 상황에서 가장 건강한 접근법은 점진적으로 조금씩 떠나보내는 과정일 것이다. 실종자의 어떤 부분은 영원히 사라지지만, 또 다른 부분은 여전히 존재한다. 가족에게 남겨진 과제는 그 차이를 계속 인식하는 것이다. 환자나 사랑하는 사람 모두 남은 날들을 온전히 함께하지 않으므로, 그런 지점이 마지막 작별 인사를 하기 전에 여전히 함께할 수 있는 곳으로 이어진다.

초기 알츠하이머병이나 유전성 질병을 앓는 환자의 자녀들은 그들도 언젠가 부모와 같은 병에 걸릴지도 모른다는 심각한 고민을 안고 살아간다. 마흔 살에 알츠하이머병에 걸린 비행기 조종사의 작은아들은 "제가 그 병에 걸리지 않을 가능성은 거의 없어요. 내 인생에서 그 생각을 해보지 않고 지낸 날이 단 하루, 아니 단 한 시간도 없어요. 어떻게 가정을 꿈꿀 수 있을까요? 엄마가 지금 겪고 있는 일을 내 미래의 아내도 겪게 될까요? 자녀를 가져야 할까요? 결혼할 수 있을까요?"라고 묻는다. 엄마를 돌보기 위해 대학을 휴학한 그의 사촌 여동생은 훨씬 긍정적이다. "나는 단지 다가오는 기회를 붙잡고 싶어요. 하지만 내가 누군가를 정말 사랑한다면? 그런 것들을 다 포기한다는 건 상상도 못 하겠어요."[5]

그리고 그 고통이 너무나 힘들어 옴짝달싹 못 한 채 위험을 감수할 준비조차 되지 않은 사람들도 있다. 조종사의 아들 중 한 명은 힘든 시간을 보내고 있었다. 그의 어머니는 이렇게 설명한다. "그냥 감당을 못 하더라고요. 너무 속상해하는 나머지 보험이나 리빙 윌까지 이야기할 정도였어요. 고모도 치매에 걸린 것을 보고 언젠가 우리[당연히 그의 아버지, 그리고 자신을 포함한 형제, 사촌들까지]에게도 닥칠 일이라는 생각 때문이었는지, 너무 힘들어했어요." 그는 여전히 먹고 걷는 게 가능한 아버지를 바라보다 사촌에게 말했다. "난 못 견디겠어. 만약에 우리 아버지가 고모처럼 치매가 심했다면 매일 보러 올 수 없을 것만 같아. 눈물이 터질 거야. 아버지와 나는 정말 친했었거든. 저런 아버지를 보기만 해도 눈물이 나서 더 견딜 수가 없어."[6] 아들의 말에 과거와 현재 시제가 섞여 있다는 것은, 사랑하는 사람이 여전히 곁에 있지만 일부는 이미 사라짐으로써 겪는 혼란을 보여주는 일반적인 현상이다.

그러한 상황 속에서 패밀리 갬블은 환자를 돌보는 의료팀에게도 영향을 미친다. 두 번째로 폐렴에 걸린 말기 알츠하이머병 환자를 둔 가족은 의사가 투지 넘치는 의욕을 보여주지 않을 때 화가 난다. "의사들은 원래 그래요. 가망 없는 목숨에 그들의 시간을 낭비할 가치가 없다고 여기죠. 비록 우리에게 아직 살아 있는 가족일지라도요." 웨스의 아내가 말했다. 어떤 가족들은 사랑하는 사람의 병이 말기라는 것을 알면서도 살아 있기를 고집하며 치료를 원한다. 그들은 마지막 작별 인사를 할 마음의 준비가 되지 않았다. 웨스의 아내는 다음과 같이 좌절감을 표현한다. "우리가 할 수 있는 일이 아무것도 없어서 너무 화가 났어요. 그 의사들은 신경 쓰지 않는 것 같아요. 희망이 없다고 생각해서 그냥 포기한 건지도 모르죠."7 그녀는 남편의 생사를 결정해야 하는 시간이 다가왔다는 걸 알고 옆에 있던 중증 치매 남편을 껴안았다. 비록 그가 결혼할 때의 그 모습은 아니었지만, 여전히 남편으로 존재하는 사람과 함께 있다는 사실에 그녀는 위안을 얻었다.

심리적 혹은 육체적 실종자의 가족들에게 점진적 이별 과정은 그들의 마음속에서만 벌어지는 일이기 때문에 고통스럽다. 웨스의 아내는 남편의 삶과 죽음에 관한 어려운 결정을 의료진이 아닌 그녀 스스로 내려야 하며, 실종된 군인의 아내들은 남편의 사망이나 생존 여부를 명확히 밝힐 사람이 아무도 없었으므로 자신을 위해 스스로 판단해야 했다. 아내가 남편에 대해, 실종자에서 전사자로 공식적인 생사확인 변경요청 결정을 내려야 할 때, 그녀는 남편이 여전히 어딘가에 살아 있을 수도 있고 예기치 않게 집으로 돌아올 수도 있다는 가능성을 품은 채 정말로 갬블을 하게 된다. 남편을 실종자에서 전사자로 수정해달라는 편지를 워싱턴에 보내기로 했을 때 매우 고통스러웠을 것이다. 알츠하이머병 환자 가족들이 의료진에게 환자의 소생을 위해 더 이상의 노력을 기울이지 말 것을 요청하기로 했을 때의 경험과 다르지 않다.

사회학자 어빙 고프먼은 죽음과 같은 사건은 검시관처럼 가족 밖의 누군가가 공식화하기 위해 문서화할 것이므로 가족이 그 임무를 수행할 것으로 기대해서는 안 된다고 썼다.[8] 그러나 고프먼은 모호한 상실을 겪는 가족의 역경까지 고려하지는 못했다. 그들은 사랑하는 사람의 삶과 죽음을 결정하기 위해 점점 더 많은 역할을 하도록 요구받고 있다. 많은 사람에게 이것은 인간의 이해를 넘어서는 과제이며, 또 다른 누군가에게는 자신의 삶을 살아가기 위해 감수할 수밖에 없는 위태로움이다.

더 미묘한 형태의 패밀리 갬블은 가정생활의 일반적인 변화 속에서도 감지된다. 자녀들이 자라서 집을 떠나면, 그들이 가족 안에 있다고 여겨야 하는지 밖에 있다고 여겨야 하는지 종종 혼란스럽다. 이러한 상황에서 부모들이 취할 수 있는 최선의 행동은, 대학 진학을 위해 집을 떠난 후 돌아온 아들의 아버지처럼 자녀의 상태를 부재와 현존 사이의 어딘가로 정의하는 것이다.

우리는 아들이 대학에 입학한 9월 이후로 조금씩 뭔가 어중간한 상태에 놓여 있는 것처럼 느끼다가 교착 상태에 빠졌다. 아들은 여기 있어, 하지만 있어선 안 돼. 아들은 여기 있어, 하지만 그럴 리 없어. 그리고 아들이 갈 때, 아들은 멀리 가지 않을 거야. 이런 상황에 대해 준비된 사람은 아무도 없었다. 식재료비는 내려가고 전화 요금은 올라가고, 추수감사절 식탁 의자는 비어 있고 크리스마스 때 아들이 집에 돌아오면 감격적으로 환영할 준비를 했다. 우리에게 아직 일어나지 않은 일에 대비했다. 우린 아직도 변화에 적응하며, 그에 따른 규칙과 기대치가 무엇이어야 하는지 여전히 고민하고 있다. 예전의 규칙은 이제 적용이 안 되고, 아들이 집에 오면 우리는 잠시 새로운 변화에 익숙해져야 한다. 귀가 시간은 이제 어떻게

정해야 하는 거지? 옷은 본인이 직접 사게 해
야 하나? 예전에 했던 집안일은? 집에 왔으니
까 학생이 아니지만, 그렇다고 하숙생도 아니
잖아. 아들은 방학 중에 잠시 머무는 거야. 아
니면 계속 있을 건가? 우리나 아들도 확신하지
못한다……. 아들은 여기 있는데, 아들은 없다.
보이다가, 안 보이다가, 못 본다. 아들은 천천
히 조금씩 떠난다. "아들은 어떻게 지내요?" 사
람들은 아들이 어딘가 다른 곳에 있다고 생각
하고 묻는다. "아들 보고 싶어요?" 그들이 묻는
다. "아직은 괜찮아요." 우리는 대답한다.[9]

이 시점에서, 마치 아들이 정말 사라진 것처럼 행
동하거나 혹은 그가 고등학교 다닐 때와 똑같다고
여기는 행동은 도움이 되지 않는다. 너무 극단적인
선택들이다. 대신 자식의 존재가 중간 어딘가, 즉 아
들은 집에 있지만 새 규칙과 새 역할을 요구하는 새
로운 방식으로 있다고 여겨야 한다. 위 사례의 아버
지는 유머 있게 상황을 받아들이는데, 이는 가족 안
팎에서 아들의 위치 불확실성에 대처하는 좋은 방

법이다.

그러나 아마도 가장 어려운 패밀리 갬블은 자녀와의 육체적인 분리가 아니라 오히려 심리적인 해방일 것이다. 우리는 제 손으로 양육해 키운 자녀를 언제 어떻게 가정에서 세상 밖으로 내보내야 하는지 알기 어렵다. 나비처럼, 자식도 너무 꽉 붙잡으면 으스러진다. 우리는 역설과 씨름해야 한다. 그들이 독립하기를 원하는 동시에, 우리와 함께 살면서 근처에 머물기를 원하는 것이다. 곁에 두는 것과 놓아주는 것 사이에서 미묘한 균형을 찾는 일은 스트레스를 발생시킴에도 불구하고, 건강한 가족 관계를 가능하게 한다. 아이린의 경우를 보자.

아이린과 그녀의 남편 프레드는 아이린의 우울증 때문에 나를 찾아왔다. 그녀의 정신과 의사가 부부와 가족 치료를 위해 그들을 나에게 의뢰한 것이었다. 우리는 먼저 그들의 결혼과 가정생활에 일어나고 있는 일에 관해 대화를 나눴다. 아이린은 자신이 더 이상 좋은 엄마가 아니라는 게 가장 큰 걱정거리라고 내게 말했다. 프레드는 불편하게 의자에 앉아 끙, 하고 앓는 소리를 냈다. 나는 자녀들에 관해 물었다. 스물두 살 아들과 스무 살 딸이 아직 부모와 함께 살고 있었다. "자식들은 내가 하는 모든 일에 불평불만이에요. 밥, 빨래, 모든 게 다." 아이린이 말했다. "딸아이는 내가 어제 블라우스를 잘못 다렸다고 화가 많이 났어요. 예전엔 내가 하는 방식을 그대로 다 좋아하더니. 지금은, 내가 뭘 해주든 다 싫어하고 틀렸대요."

몇 번의 상담 후, 온 가족이 참석한 자리에서 아이린이 용기 내어 첫 번째 조건을 내걸었다. 그녀는 성인이 된 자녀들에게 빨래와 다림질을 직접 하라고 말했다. 그녀는 자신이 음식을 조리하는 것(2인분 대신 4인분 양을 만드는 수고) 자체는 개의치 않지만, 음식이 마음에 들지 않는다면 직접 해 먹거나 외식을 하라고 말했다.

그녀가 걱정했던 대로, 자녀들은 그녀의 새로운 독립적 선언에 짜증을 냈다. 그런데 그런 상황에 익숙해지자, 역설적으로 자녀들은 엄마가 더 이상 '도어 매트*'가 아니라는 사실을 인정하고 존중하게 되

---

* 현관이나 문 앞에 놓는, 신발 바닥을 닦는 작은 깔개라는 의미 외에 다른 사람들에게 당하고도 가만히 있는 사람이라는 뜻이 있다.

었다. 시간이 지남에 따라 아이린이 자신의 권리를 찾게 되자 가족과 부부의 역동성은 바뀌었다. 자녀들은 여전히 집에서 함께 살고 있지만 이제 자신들에게 필요한 대부분의 일을 스스로 처리했다. 한편, 아이린과 프레드는 두 사람의 결핍―남편은 일로 아내는 자녀 돌봄에 치우치느라 서로에게 무심했던―으로 인해 지친 결혼 생활을 돌아보는 계기를 가졌고 서로를 다시 다독이게 되었다. 자녀들과 같은 공간에 거주하면서도 어떻게 각자의 생활은 분리할 수 있는지 알게 되자, 그녀의 우울증은 점차로 사라졌다.

전통적인 가족 관계에 젖어 있는 어머니들에게 아이린의 행동은 어떤 두려움을 안겨주기에 충분하다. 어머니들은 당연히 자녀들을 돌보는 사람으로 요구되었고, 언제 그 역할이 끝날지, 언제 그 역할이 수정되어야 하는지 말하는 사람은 아무도 없다. 자녀들이 성장해서도 집을 떠나지 않을 때(혹은 집으로 다시 돌아왔을 때), 어머니는 그들의 모든 필요를 돌봐주지 않으면 자신의 의무를 다하지 못하고 있다는 두려움을 느낄지도 모른다. 사회적 규범은 대개 그 두려움을 강화시킨다. 아이린은 엄마와 자녀의 관계를 양육 관계에서 평등 관계로 변화시키는 데 따른 위험을 무릅썼다. 자녀들에 대한 사랑을 부정하지 않고, 성장한 자녀들은 스스로를 돌봐야 한다고 주장한 것이다. 아이린은 자식들이 여전히 그녀를 살림 도우미 같은 존재로서가 아니라, 그곳에 있는 것만으로도 충분한 존재로 사랑할 것이라는 데 내기를 걸었다. 이 경우의 희소식은 아이린의 갬블이 성과를 거두었다는 것이다. 결과적으로, 그녀의 자녀들은 감정적으로 훨씬 더 가까이 어머니에게 다가갔다. 그리고 결과는 빨래와 다림질 같은 것과 아무 상관없이 벌어진 일이다. 그녀와 프레드는 서로를 위해 더 많은 시간을 가졌고 오래전 함께 즐겼던 낚시, 춤, 여행 같은 활동들을 다시 시작했다.

관계를 바꾸려는 결정은 용기를 갖고 첫발을 내디딘 사람에게 위험이 따른다. 변화는 한 사람의 결심으로부터 시작될 수 있지만, 궁극적으로 새로운 질서나 변화를 익히려면 심리치료뿐만 아니라 집, 그리고 우리와 가장 가까운 사람들과의 실생활 속에서 함께 연습해야 한다. 개선은 점진적이며 두 걸음 앞으로, 한 걸음 뒤로 가는 것이 정상이다. 해결책이 불완전하더라도 편하게 받아들이는 것이 목표다. 누가 가족 안에 있는지, 누가 밖에 있는지에 대한 질문과 그들이 어떻게 그렇게 되었는지에 관한 답은 결코 완전히 명확하지 않을 수도 있지만, 우리가 변화를 받아들일 수 있다면 모호함과 함께 살아가는 법도 배울 수 있다.

변화를 수용하는 데 가장 성공한 가족들은 타협하려는 의지를 서로 받아들인다. 불분명한 상실 문제에 대해 각자가 선호하는 해결책을 완고하게 고집하기보다는, 가족 구성원들은 서로의 말을 끝까지 듣고 사랑하는 사람들의 의견을 존중한다. 그들은 서로가 아니라 문제를 공격하기로 다짐한다. 아이린과 프레드처럼, 그들은 앨런 와츠*가 말하는 "알려진 불행의 안전함the security of known misery" 상태로 계속 견디기를 거부한다. 그들은 현상에 지쳐서 변화를 찾기 위해 고립을 깨고 나온다. 가족과 주변의

---

* Alan Watts(1915~1973). 영국의 철학자, 작가. 동양철학을 서양에 소개하고 대중화시켰다. 1938년 미국으로 이주해 미국의 독보적인 사상가로 활동했다.

다른 사람들과 교류하며, 이야기하고, 의견 충돌을 겪고 타협하는 과정을 통해 변화를 추구한다. 조지 허버트 미드**에 따르면 가족 내에서의 인식을 바꾸려면 우리는 타인을 통해 우리를 들여다볼 수 있는 "유리 거울looking glass"이 필요하다.[10] 우리는 다른 사람의 반응—외모, 말, 감정, 그리고 그들의 손길—을 이용해 새로운 현실을 공동 건설한다. 심지어 상실감에 깊이 빠져 있고 변화에 저항하는 가족 구성원들조차도 다른 사람들에게 손을 내밀 때 병든 배우자나 부모, 또는 부재한 자녀와의 변화된 관계를 받아들이려는 더 큰 의지를 보여주게 될 것이다. 건강한 변화를 향해 내디딘 첫걸음이 모호한 상실의 고독을 극복하는 길이다.

가정생활도 다른 유기체와 마찬가지로 지속적인 변화에 달려 있다. 이것은 정답을 찾는 질문이 아니며, 사실 모호한 상실에 대한 정답은 없을 수도 있다. 우리는 완벽한 해결책이 없는 현재 상황 속에서 가능한 한 최선의 답을 만들어내는 노력을 감수해

** George Herbert Mead(1862~1931). 미국의 사회학자, 철학자. 시카고학파의 대표적 존재이며 상징적 상호행위론, 사회심리학의 창시자이다.

야 하며, 우리가 살아 있는 한 변화에 대한 수정 과
정은 절대로 멈추지 않으리라는 것도 알아야 한다.
복합적인 상실은 절망적이고 해결할 수 없는 것처
럼 보일 수 있지만, 우리에게서 변화의 힘마저 앗아
가지는 않는다.

결국, 부분적 상실에 대처하는 방법을 처방할 수
있는 사람은 심리상담사나 의사가 아니다. 오히려
문화, 지역사회 공동체, 이웃, 종교 단체, 그리고 원
가족들이 이 역할을 수행한다. 가족을 이루는 사람
들은 종종 다른 배경을 가지고 있기 때문에 그들은
패밀리 갬블의 방법이나 시기에 대해 서로 다른 생
각을 가질 수 있다. 부부간의 그런 생각의 차이를 보
여주는 한 가지 지표는 바로 언어이다. 예를 들어
'기회'는 히브리어로 존재하지 않는 단어이다. 만약
에 기회라는 의미에 관해 이야기하려면 '위험hazard'
이라는 단어를 사용해야 한다.[11] 한편 이탈리아와
멕시코에서는 '운명'이라는 단어가 많이 사용된다.
미네소타 북부와 퀘벡에서 만난 북아메리카 인디언
여자들은 "자연과의 조화"와 "영적으로 받아들임"에
대해 말했다. 나는 그들에게서 '치명적인 질병'이라

는 말을 사용하는 것을 들어본 적이 없다. 그들은 한 평생 살다 얻은 노인성 치매를 실패로 인식하지 않았다. 대신, 그들은 노인의 쇠락을 삶의 커다란 원을 완성하는 시기로 여기며 축하하고 받아들여져야 할 일이라고 믿었다. 그들에게 패밀리 갬블은 필요하지 않았다.

하지만 이민 사례에서 종종 발생하는 것처럼 서로 다른 문화가 충돌할 때, 부재와 존재에 대한 가족의 이해와 가족에 대한 정의는 더욱 복잡해진다. 많은 이민자가 사는 미국에서 리의 이야기는 사실 드문 경우가 아니다. 아시아계 미국인 여성인 그녀는 첫 자녀를 임신했다. 시애틀에 있는 산부인과 전문의는 그녀에게 엽산, 종합비타민, 칼슘이 풍부한 식단을 권유했다. 대만에 있는 그녀의 어머니는 매주 그녀에게 전화로 먹을 것과 먹지 말아야 할 민간요법에 대해 알려주었다. 건강한 아기를 원했던 리는 전통적인 것과 새로운 의학 상식 사이에서 갈팡질팡했다. 그녀는 의사의 충고를 따를 뿐만 아니라 어머니의 소원을 들어줌으로써 갈등을 회피하기로 마음먹었다.

아기를 출산한 후, 리는 친정에서 기념하는 의식과 전통의 일부를 남편과 자라날 아기에게 공유할 수 있도록 수정할 필요성을 느꼈다. 리는 이런 변화가 그녀로 하여금 마치 대가족들과 함께 있는 것처럼 느끼게 할 거라고 말했다. 미국에 살기 위해 대만을 떠났을 때, 그녀는 대가족과 관습으로부터 분리되고 싶었다. 하지만 엄마가 되었을 때, 그녀는 가족 간의 유대감 상실을 너무도 확연하게 느꼈다. "책도, 동요도, 자장가도 여기는 모두 달라요." 리가 말했다. 그래서 그녀는 어렸을 때 어머니에게 들었던 노래와 이야기들을 계속 수정하고 또 섞기도 하면서 자녀에게 들려주었고, 미키 마우스와 미국의 다른 대표 동화들도 추가했다. 자녀가 자라면서 리와 그녀의 남편은 크리스마스 분위기(성탄 트리, 칠면조 요리, 장난감 선물)를 중국 설 문화와 합쳐 큰 명절로 삼았다. 이러한 융합은 전통이 다른 문화에 뿌리를 둔 많은 미국 가정에 필요하다.

리는 아이린과 존, 그리고 다른 많은 사람이 패밀리 갬블을 하는 것처럼 새로운 상황에 적응하기 위해 가족과 전통에 대한 생각을 바꿔야겠다는 위험을 무릅썼다. 그녀는 고국의 풍요로운 문화를 완전히 포기할 준비가 되지 않았고, 또한 미국에서 태어난 아기를 미국 문화 밖에서 키우려고 하지도 않았다. 그녀가 선택한 절충안은 친정의 전통 중 일부를 고수하고 새로운 것과 병합하며 그들의 삶을 조화롭고 안전하게 앞으로 나아갈 수 있게 해주었다. 리는 어머니의 존재와 부재, 두 상태를 받아들이면서 두 가지 반대되는 생각을 병합할 수 있었다. 그리고 그것이 모호한 상실을 경험하는 사람들의 목표다.

7장

상실을 받아들이는
터닝 포인트

그리스어로 '위기'는 '터닝 포인트'를 의미한다. 그래서 이 두 단어는 모호한 상실을 안고 있다. 불확실한 상실로 인해 힘들었던 대부분의 사람들은 언젠가는 극도로 좌절하게 되고, 그 후에는 갑작스럽게 혹은 천천히 육체적으로나 심리적으로 부재한 가족 구성원의 상태에 대한 인식을 바꾸게 된다. 새로운 정보가 수면 위로 드러나거나 가족 중 한 명이 현재 상황에 지쳐 뭔가 다른 일을 하기로 할 것이다.[1] 변화는 가족의 오랜 규칙과 전통을 깨뜨릴 수 있으므로 가족 내 모든 사람이 영향을 받게 되는 것은 자명한 일이다. 그러나 변화를 선택한 사람들은 더 이상

움츠러든 상태에 머물지 않는다. 양가성과 부정적 감정이 약화되면서, 가족 구성원들은 종종 모호한 상실이 그 자리에 남아 있다는 것을 받아들이게 된다. 그들은 자신의 상황을 평가하기 시작하고, 결정을 내리고, 행동을 취한다. 이것이 바로 터닝 포인트다.

베트남에서 실종된 미국 병사 아내들의 경우를 보자. 실종에 관해 침묵을 지키라는 군대의 권고가 있었을 때 더 이상 참지 못한 많은 사람은 터닝 포인트를 맞이했다. 그들은 미국과 북베트남 인사들이 모여 베트남전쟁 종결을 약속한 파리 평화회담 장소에서 권고를 깨고 피켓을 든 채 시위했다. 남편의 실종에 대해 침묵을 지키라는 말은 그들을 고립시켰고 무력감을 증가시켰을 뿐이다. 그러나 몇몇은 평화회담에 피켓을 들고 실종자 이야기를 터트리는 위험을 감수했다. 비록 권고 사항을 어겼더라도 아무것도 하지 않는 채 기다리는 것보다 무언가를 하는 것이 더 나았다.

모호한 상실은 우리를 무능하게 만든다. 그런 감정은 우리의 주인 의식을 잠식하고 세상이 공정하고 질서 있고 살 만한 곳이라는 믿음을 파괴한다. 하지만 우리가 불확실성에 대처하는 법을 배우려면, 때로는 우리가 속한 세계가 모호성이 적은 때라고 할지라도 세상을 바라보는 관점이 모두 다르다는 것을 먼저 깨달아야 한다. 1989년, 윌리엄 F. 버클리*가 테레사 수녀에게 인구 과잉에 대한 걱정스러운 통계에 대해 언급했을 때, 그녀는 "신의 손에 달려 있습니다"라고 대답했다.[2] 버클리는 싱긋 웃으며 그녀에게 물었다. "확실한가요?" 이 두 사람은 우리가 문제에 접근하는 방식의 극단을 보여준다. 버클리는 자연을 통제할 수 있다고 믿는 사람들의 전형이고, 대조적으로 테레사 수녀는 특별한 영적 수용을 받아들인 모습을 보여준다. 두 가지 견해 모두 모호한 상실을 안고 살아가는 법을 배우는 데 필수적인 것들이다.

만약에 우리가 불확실한 상실을 접하게 되고 이에 대처하려면 완전한 해결에 대한 욕망을 먼저 누그러뜨려야 한다. 이것이 역설이다. 사랑하는 사람

---

* William F. Buckley, Jr.(1925~2008). 미국의 편집자이자 작가. 미국의 보수주의 정계에 중요한 정신적 영향력을 끼친 인물이다.

의 부재나 존재에 대한 모호함이 있을 때 그 상황을 통제하기 위해 완벽한 해결책을 찾으려는 노력을 포기해야 한다. 실종된 사람과의 관계를 재수정할 때 가장 중요한 것은, 우리가 겪는 혼란이 우리가 했던 어떤 일이나 무심함에서 비롯된 것이 아니라 바로 그 모호함 때문이었다는 것을 깨달아야 한다. 일단 무력함의 근원을 알게 되면 자유롭게 대처 과정으로 옮겨 갈 수 있다. 우리는 상황을 평가하고, 누가 가족 안에 있으며 어떤 기준으로 그렇게 되었는지에 대한 인식을 수정하기 시작하면서 서서히 가족의 역할, 규칙 및 의식을 그에 맞게 재구성한다. 비록 모호성이 지속되더라도 우리는 더 책임감을 느끼게 된다.

알츠하이머병을 앓고 있는 남편을 둔 나이 든 아내가 완전히 얼이 나간 모습으로 연구소 인터뷰실에 도착했다. 그녀는 남편이 더 이상 그녀가 누구인지조차 알아보지 못하는 상태인데도 항상 섹스를 원해서 몹시 괴롭다고 말했다. 몇 달 후 상담을 다시 했을 때, 아내는 평온해 보였다. 나는 그녀에게 무슨 변화가 있었느냐고 물었다. 그녀는 어느 날 갑자기 문제에 대한 해결책이 떠올랐고, 침실로 들어가 결혼반지를 빼서 보석함에 넣어두었다. 그러고 나서 남편을 어떻게 다뤄야 할지 알게 되었다고 말했다. 그녀는 더 이상 그를 남편으로 보지 않고 단순히 자신이 사랑하고 돌봐야 하는 대상으로 여겼다. 그녀는 몇 년 동안 자녀들을 양육했던 방식대로 그를 다른 침실로 옮긴 후 규칙을 정하고 그의 일과를 감독했다. 환자와 그를 돌보는 아내의 스트레스 레벨이 내려갔다. 2년 후 남편이 죽고 나자, 그녀는 보석함을 열고 결혼반지를 꺼내 손가락에 다시 꼈다. 그리고 그녀는 이렇게 말했다. "드디어 이제 정말 과부가 되었어요, 그렇게 되기를 기다리던 과부가 아니라."

이 여성은 자신의 터닝 포인트에 이르렀고 자신의 상황을 모호함—그녀의 표현을 그대로 빌리자면, "그렇게 되기를 기다리던 과부"—이라고 이름 붙일 수 있게 되자 통제력을 되찾을 수 있었다. 그녀가 무엇(결혼으로 맺어진 '남편')을 잃었는지, 그리고 그녀 곁에 여전히 남아 있는 것이 무엇(그녀가 돌보는 '인간')인지 깨닫자 상황에 잘 대처할 수 있었다. 그녀는 아내의 위치에서 일시적으로 결혼하지 않은 사람처럼 환자를 돌보는 사람으로 자신의 역할을 바꾼 것이다. 이런 사고의 변화 때문에 그녀는 더 이상 현실에 압도당하거나 무력감을 느끼지 않을 수 있었다.

치매와 다른 만성 정신질환을 앓는 환자들을 돌보는 가족들의 임상 연구에서, 나는 가족 개개인이 각각의 다른 자극으로 변화한다는 것을 발견했다. 자신의 삶을 관리하는 데 익숙한 사람들에게 통찰력은 도움이 되는 듯했는데, 그러한 사람들은 어떤 행동에 뒤따르는 위험을 감수하기 전에 그 행동이 갖는 의미를 파악하기 위해 '왜'라는 질문의 답을 먼저 이해하기를 원한다. 하지만 다른 사람들에게 통찰력이란 인식에 의한 깨달음이 아니라 경험으로 얻게 되는 산물이다. 그런 사람들에게 가족심리상담사 칼 휘태커의 "당신은 지나친 후에야 그것이 무엇이었는지 알 수 있다"는 말은 매우 적절하다. 이해하려면 현상을 먼저 경험해야 한다는 말이다. 내가 분명하게 이해한 것은, 우리가 임상의로서 상황을 이해하려면 반드시 개인의 차이에 더 민감해야 한다는 것이고, 우리가 임상의로서 저항감이 생기는 걸 방지하려면 우리도 가끔 우리가 도우려고 하는 사람들(상담자)의 덕을 본다는 것이다.

어떤 사람들에게 '관리'란 내면의 것(지각, 감정, 감정, 기억)을 장악하는 것을 의미하지만, 또 다른 사람들에게는 외부적인 것(다른 사람, 상황, 환경)을 장악하는 것을 의미한다. 사랑하는 사람이 불완전하게 부재하거나 존재할 때, 어떻게 대처해야 할지 아는 사람은 거의 없다. 치매 남편을 둔 아내가 자신의 결혼반지를 뺀 것처럼 고통받는 사람들은 그들만의 해결책을 찾아야 한다. 내부 변화는 종종 외부 장악과 연결된다.

가족심리상담사가 사람들이 혼란을 극복하고 자신만의 터닝 포인트에 도달하는 것을 돕기 위해 반드시 거쳐야 할 첫 번째 단계는 그들이 경험하는 것을 모호한 상실로 규정하는 것이다. 상담 과정 중에 나는 자주 안도의 한숨 소리를 듣는다. 그들은 자신이 느끼는 감정에 대해 정확한 명칭이 있다는 사실뿐만 아니라, 그런 종류의 고통을 느끼는 사람이 자신 말고도 많다는 사실에 위안을 얻는 것이다. 그들은 자신들의 감정이 그들의 잘못에서 비롯된 것이 아니며, 모호함이 지속되더라도 스트레스를 관리하는 방법이 있다는 것에 위로를 받는다.

그럼에도, 무언가는 바뀌어야 한다. 나는 상담자들에게 모호한 상실과 함께 혼란스러운 감정을 느끼는 것은 지극히 정상이지만, 상실에 대한 부적응은 가족들에게 문제를 일으킬 수 있다고 말한다. 술을 너무 많이 마시거나, 폭식하거나, 너무 오래 (혹은 너무 짧게) 수면 상태에 놓여 있거나, 통제 불능의 상황을 극복하려고 필사적으로 몸부림칠 것이다. 그러나 일단 부적응 문제가 식별되면, 그들은 특정한 모호한 상실에 대처하는 더 효과적인 방법들을 배울 수 있다. 그들이 '왜' 고착 상태에 빠졌는지, 그리고 그들의 잘못으로 인해 일어난 일이 아니라는 점을 이해하게 되면 변화를 꾀하려는 움직임이 더 자주 일어난다. 이 시점에서, 나는 가족 대화를 제안한다.[3]

처음 네다섯 번의 가족 대화는 모든 이들이 서로를 '가족'으로 생각하는 사람들과 한 공간에서 진행한다. 남성과 여성이 적절히 배합된 다른 세대의 조합이 가장 이상적인데, 그들은 제각기 다르면서도 중요한 관점을 드러내기 때문이다. 멀리 떨어져 사는 가족들은 스피커폰을 통해 참여한다. 언젠가 내가 더 이상 참여하지 않아도 가족들이 규칙적인 대화를 이어가길 희망한다. 내가 '치료'라는 단어보다 '대화'라는 단어를 사용한다는 점에 유의하기를 바란다. 내가 '대화'라는 단어에 방점을 찍는 이유는 혹시라도 모호한 상실의 경우라면, 문제는 가족이 아니라 상황 그 자체에 있기 때문이다.

가족과 함께 일하는 나의 목표는 모든 가족 구성원들이 모호한 상실 경험에 대한 서로의 해석을 제대로 인식하고, 그들이 상황을 어떻게 보는지에 대한 합의의 정도를 알아내는 것이다. 만약 그들이 어느 특정 가족 구성원이 부재하는지 존재하는지, 여기에 있는지 아니면 떠났는지에 대한 인식에 강한 이견을 보인다면, 첫 번째 상담에서 대화를 통해 가족 안에서 모호한 상실을 보는 견해가 정상인지 아닌지 확인하는 것이 나의 주된 과제이다. 모호한 시기에 가족 간 긴밀한 관계를 유지하기 위해서는 서로의 인식을 듣고 존중하는 것이 중요하다는 점을 강조한다.

몇 번의 가족들 만남과 대화를 이어가다 보면 갈등과 불화가 예외 없이 발생하고, 종종 토론 자체를 멈추고 싶어 하는 경향이 있다. 나는 그래도 계속 대화를 이어가길 권장한다. 고통스러운 모호한 상실에도 불구하고 그들이 서로의 이견을 조율하고 문제를 해결하는 방법을 배울 기회이기 때문이다. 해결책은 진공 상태에서 발견될 수 없다. 사랑하는 사람들과 친구들은 서로의 인식과 행동에 거울 역할을 할 수 있으므로, 계속되는 대화를 통해 돌이킬 수 없을 정도로 상실한 (혹은 그렇지 않은) 것들이 무엇인지 모두에게 더 선명하게 드러난다. 그로 인해 사람들은 더 이상 고착 상태에 머무르지 않고, 상실에 대해 애도할 수 있다.

함께 모여서 이야기하는 것은 건강한 가족 구성원들 사이에 필요한 의견 교환을 가능하게 만들지만, 환자는 어떨까? 만성 질환의 경우, 아픈 당사자 또한 혼란스럽고 괴롭다. 말기 환자들은 서서히 죽어가고 있다는 것을 알고 있으며 자신이 가족에게 여전히 가치 있는 존재이고, 가족의 일부인지 궁금하다고 말한다. 그들 역시 가족 내에서 완전히 존재하지 못하는 결과로 죄책감과 수치심을 느낀다.

따라서 나는 적어도 가족 토론의 일부는 환자를 포함하는 것이 중요하다고 생각한다. 비록 알츠하이머병 환자일지라도 가족이 이미 그를 없는 사람 취급한다는 것을 감지할 수 있으며, 또한 그들도 자기 자신을 표현할 기회가 필요하다. 어떤 환자 한 명은, (환자를 바로 앞에 두고도) 가족들에 의해 말도 안 되는 소리만 하는 사람으로 묘사되었고, 아내가 자신과 이혼을 준비하는 게 확실하다고 우리에게 항의하기도 했다. 그의 아내는 그가 더 이상 제정신이 아닌 상태에 이르렀기 때문에 그의 말을 들을 필요가 없다고 말했지만, 사실 그녀는 그를 보호시설로 보낼 계획이었다.

위의 가족은 알츠하이머병 외에도 중독 문제로 어려움을 겪고 있었다. 그들은 가족 대화를 계기로 환자와 자신들을 위해 그를 가족 안에 있는 사람으로 취급해야 하는지 결정하려고 했다. 그의 경우는 가족 내 없는 사람으로 결론 내려졌다. 그의 자녀들은 바빴고 그의 아내는 도박을 계속하기 위해 자유를 원했다. 비록 이혼은 하지 않았지만, 그에게 가족과의 이별은 현실이었다. 환자는 아직 살아 있으며, 치매는 더 나빠지지 않았고, 그는 현재 그가 '집'으로 부르는 보호시설에서 다른 환자들을 돕고 있다.

나는 가족 대화를 통해 특정된 모호한 상실 부분에 대해 가족 구성원들이 가능한 한 많은 정보를 얻어 갈 수 있도록 용기를 북돋는다. 나는 개개인이 더욱 적극적으로 개입하도록 격려하는데, 요즘은 거의 모든 가족에 기술적인 정보를 해독하는 능력을 가진 사람이 있기 때문에 전문 서적을 통해 유익한 내용을 나머지 가족들과 공유하는 방법도 권장한다. 병에 대처하는 가족들은 도서관에서 관련 자료들을 읽을 수도 있고, 전문가에게 자문을 얻기 위해 메일이나 편지를 보낼 수도 있으며, 비슷한 경험을 가진 다른 가족들과 소통하는 방법도 있다. 육체적 상실을 겪는 가족들은 경찰에게 연락하거나, 인터넷 검색, 흥신소 고용, 네트워크 형성을 통해 비슷한 상실 속에 놓여 있는 사람들과 연대할 수 있으며 법을 바꾸기 위해 싸울 수도 있다. 만약에 실종 군인과 관련된 상황이라면, 남겨진 가족은 직접 현지까지

가서 둘러보거나, 추모비를 세우거나, 박물관과 묘지를 방문하거나, 참사의 현장도 답사할 수 있다. 정보를 찾는 행위 자체가 모호함의 스트레스를 줄여줄 수 있기 때문이다. 정보를 찾는 과정 중에 소진되거나 더 이상 유용한 정보가 없다고 할지라도, 그 자체가 이미 하나의 정보가 될 수 있으므로 적어도 유족들에게 "우리가 할 수 있는 건 다 해봤어"라는 결론을 내리는 데 도움이 된다.

또한, 가족 구성원들은 서로의 감정—분노, 고통, 슬픔, 수치심, 죄책감, 기쁨, 안도감, 공포—을 인식하는 법을 배우기 위해 가족 토론에 참석하는 것이 매우 중요하다. 다른 가풍이나 더 큰 공동체의 규범으로 인해 종종 나이와 성별에 따라 허용되는 감정들이 다를 수 있는데, 이는 감정을 드러내는 방식에도 영향을 미친다. 어떤 사람들은 기도하고, 어떤 사람들은 술을 마신다. 스스로 자신을 다스리는 사람도 있는가 하면, 친구나 가족에게서 따뜻한 마음과 지지를 얻거나, 인터넷 검색을 통해 정보를 얻고 도움을 찾기도 한다. 나는 가족 대화를 진행하는 동안, 모든 사람이 상대를 몰아세우지 않는 방식으로 자신의 감정을 표현하도록 도와주고 서로의 관점 차이에 대해 관용을 베풀어달라고 부탁한다.

내 관점에서 보면, 경험상 가장 효과를 거둔 질문들이 이것이다. 나는 가족 구성원들에게 명절이나 가족 기념일을 어떻게 보내는지, 모호한 상실 이후 그들의 삶이 어떻게 변했는지, 그들이 어떻게 살아남고 어려움을 극복하는지에 대한 이야기를 해달라고 부탁한다. 그들에게 부재자의 다른 상징물뿐만 아니라 사진, 비디오, 기념품, 편지 및 일기를 함께 검토하도록 권장한다. 대화의 총체적인 내용을 통해서 가족 구성원들은 자신들이 상실한 것을 인식하게 되고 슬퍼하기 시작하지만, 동시에 사랑하는 사람이 여전히 그들 안에 존재하고 있는 부분에 대해 더 분명하게 인식한다. 대화 중에 때때로 놀라운 폭로가 드러나거나 심한 의견 대립을 겪기도 하는데, 대부분의 경우 심리상담사의 조언에 따라 해결 방안을 찾는다. 만약 효과를 거두지 못한다면, 나는 그들에게 구체적인 쟁점을 해결하기 위해 좀 더 전통적인 가족치료법으로 바꾸고 싶은지 물어본다. 위의 알츠하이머병 환자와 단절된 가족의 경우, 그들은 이런 방법을 시도하려고 하지도 않았고, 중독에 대한 치료를 받으려고 하지도 않았다. 그들에게 변화는 그 자체로 너무 두려웠으므로, 대신 환자를 가족에서 제외하는 결과를 맞았다.

가족 대화는 현재와 미래의 모호한 상실에 대처하는 유용한 방법이다. 나는 사람들에게 가족 대화를 그들의 삶의 한 부분으로 만들어나가기를 권장한다. 부모들이 나이가 들고 건강 상태가 바뀌면서, 누가 돌보고 어떤 역할을 맡아야 하는지, 또 규칙이 바뀌어야 하는지, 그리고 가족 기념일과 축하 모임은 어떻게 이루어져야 하는지 등 예외 없이 일어나는 상황에 적응하기 위해 서로 의견을 나눌 수 있기 때문이다. 지속적인 재구성은 시간이 지나면서 가족들이 제대로 기능하고 살아남기 위해 필수적인 역할을 하는데, 특히 모호한 상실이 가중된 스트레스 상황에서 중요하다.

해결되지 않은 슬픔을 다루는 심리상담사로서, 나는 사람들에게 불확실성에 대처하는 '올바른' 방법이 하나밖에 없다는 말은 피한다. 내가 문제에 대

처하는 좋은 전략으로 여기는 요소들이 가족에게
는 다르게 보일 수도 있다. 특히 그들의 종교, 사회
적 성 인식, 세대별 역할, 문화적 가치와 어긋날 때
그러하다. 그러한 가정이 변화를 받아들이려면 자
신들의 관점이 편협하게 들리지 않을 때까지 저항
할 것이다.[4] 물론 가족 구성원이 위험에 처하는 상황
이라면 내가 반드시 개입해야 하지만, 나의 주된 임
무는 듣고, 코치하고, 자극하거나, 질문하는 것이며,
궁극적으로는 그 가족이 전환점에 도달하는 데 도
움이 될 브레인스토밍 과정을 방해하지 말자고 나
자신에게 상기시킨다.

내가 알츠하이머병 환자를 돌보는 가족들과의 대
화를 이끌 때, 가족 중에 누군가가 질문을 던지고 다
른 가족 구성원 중 한 명이 이어받아 반응하게 하면
서 서로에게 사운딩 보드*와 거울 역할을 하게 한다.
때때로 성직자, 율법학자, 학교 선생님, 이웃, 또는
친구들에게 가족 토론에 참석해달라는 요청을 하는
데, 모호한 상실을 바라보고 있는 가족 주변 공동체

---

* Sounding board. (아이디어, 결정 등에 대한) 반응 테스트의 대상이 되
  는 사람.

의 관점을 알 수 있어 도움이 된다. 어떤 가족들은 토론의 범위를 더 확장함에 따라 비슷한 상실을 경험한 다른 사람들이 어떻게 대처하는 방법을 배웠는지도 알게 된다.

모호한 상실에 대처하기 위한 과정을 막 시작한 가족들과 함께 일할 때면, 나는 외부 활동과 다른 사람들과의 상호 교감을 강화하는 데 중점을 두려고 시도하는데 이렇듯 적극적인 대처 행동들이 수동적인 태도보다 훨씬 효과를 발휘할 수 있기 때문이다. 하지만 수동성도 때때로 치유 과정에 필요한 부분이다. 가족들은 각자의 상실에 대해 서로 소통이 필요하지만, 장기적인 모호한 상실을 견디기 위해서는 때때로 휴식을 (심지어 심리적 거리두기도) 취해야 한다. 휴식은 필수적이며 누구도 휴식에 대한 죄책감을 느낄 필요는 없다. 오랫동안 사랑하는 사람 뒷바라지로 우울한 감정이 쌓이거나 해소하고 싶다면 스스로 자신을 돌보는 법도 배워야 한다. 나는 이럴 때 가족 구성원들에게 육체적, 사회적으로 더 활동적인 일을 찾아, 무엇이든 다시 해보라고 권장한다.

내가 권장하는 또 하나의 방법은 유머를 적극적

으로 활용하라는 것이다. 유머는 역경에 대한 중요한 수용적 반응이다. 하지만 어떤 사람들은 고통받는 개인이나 가족 앞에서 유머러스하거나 가볍게 장난치는 걸 무례하게 받아들인다. 물론 비극적이고 치명적인 모호한 상실 앞에서 유머 감각을 발휘하기란 어려운 일이다. 하지만 놀이는 대인관계에 있어서 강력한 소통의 도구이며 치료 효과도 충분히 증명되었다.

몇 분 동안이라도 함께 있으며 웃는 게 건강하다. 사람들은 어쩌면 종종 가족 토론에서 모호함을 조기 수습하기 위해 문제 가족을 마치 없는 사람처럼 취급하거나 변화를 받아들이지 못해 현실을 부정했던 경험들을 재미있는 이야기처럼 들려줄 것이다. 그런 자신의 모습에 웃음을 터트릴 때, 가족 토론에 모인 모든 사람의 스트레스는 자연스럽게 감소될 것이다. 그들의 이야기는 마냥 웃을 수만은 없이 씁쓸하지만, 모호함 속에서 대처하고 슬퍼하느라 짓눌린 그들의 일상에 웃음은 균형감을 안겨준다. 만약에 완벽한 해결 방안을 찾는 데 급급했던 우리의 성향에 대해 웃을 수 있는 여유가 생긴다면, 우리는 긴장을 풀고 다른 선택 사항들을 고려해볼 수도 있을 것이다.

치매에 대처하는 가족들을 대상으로 한 나의 연구는 상황을 통제하고 영적으로 수용하는 태도 모두 알츠하이머병의 모호한 상실과 함께 살아가는 가족들에게 매우 기능적인 효과를 나타냈다. 그런데 한 가지 확실한 것은, 오직 통제만을 택하면 가장 불안하고 우울한 감정들이 드러났다는 사실이다. 이것은 다른 모호한 상실에도 적용된다. 나는 내 할머니 소피가 아버지에게 쓴 편지에서 상황을 스스로 통제하고 영적으로 수용하는 태도를 계속 반복했던 것을 기억한다. 그녀는 문제를 해결할 수 없었을 때, "언제나 신을 믿어라"라고 썼다. 그러나 그녀는 또한 통제에 대해 시적으로 쓰기도 했다. "난로와 집을 짓는 법을 배워라. 어떤 위험이 닥치더라도 항상 고개를 높이 들어라." 그녀가 삶에 대처하는 힘은, 내가 미네소타에서 인터뷰한 아니시나베 여성들의 경우처럼 영성과 통제의 결합에서 온 것이다. 나는 또한 그 여성들로부터 말기 질환은 인생의 실패가 아니라 삶의 자연적인 순환에서 기인한 것이라고 받아들일 때 덜 괴롭다고 배웠다. 문화나 개인적인 영성에 상관없이, 불확실한 상실의 고통에 대처하는 비결은 무력감을 피하는 것이다. 이는 우리가 할 수 있는 것을 실천하고 우리가 할 수 없는 것을 받아들이는 변화를 꾀하기 위한 작업을 통해 수행된다.

예전에 보았던 러시아 영화가 떠오른다. 한 나이든 여자가 전신이 마비된 채 병상에 누워 있는데, 그녀의 유일하게 움직이는 손가락 하나가 큰 종소리를 내는 끈에 묶여 있다. 이 환자는 비록 육체적으로 무능력하지만, 가족 전체의 운명을 손가락 하나로 지배하고 있다. 가족들은 그녀가 울리는 종소리의 포로였다. 가족들이 가족 내 만성 질환자와 함께 살려면 환자와 가족 '모두' 영성과 통제 사이에서 균형을 이루어야 한다. 그래야만 그들은 장기적인 모호함의 고통을 넘어설 수 있을 것이다.

8장

내 안의 슬픔과
조용히 대면하기

상실은 그 자체로 끝이 아니다. 그렇게 안 되고 그럴 수도 없다. 무언가 의미가 있었을 것이다. 그러나 그 의미를 찾아내는 것은 거대한 벽을 기어오르는 것과 같다. 내가 넘어갈 수 있도록 그냥 거기 있던 것은 아니었을까?

　　—수산나 타마로, 『흔들리지 말고 마음 가는 대로』

상실을 극복하는 마지막이자 가장 어려운 단계는 그것을 이해하는 것이다. 모호한 상실의 경우, 슬픔이 해결되지 않은 채로 남아 있으므로 의미를 찾아낸다는 것이 사실 다른 보통의 상실보다 훨씬 더 어렵다. 하지만 우리가 모호함을 이해하지 못하고 지나친다면, 아무것도 변하지 않는다. 우리는 단지 견뎌낼 뿐이다.

장기적인 모호함 속에서 희망을 유지하려면 끊임없는 노력이 필요한데, 시시포스 신화가 자연스럽게 떠오른다.[1] 신들은 시시포스에게 산꼭대기까지 바위를 밀어 올리는 영원한 형벌을 내린다. 그가 마침내 정상에 다다랐을 때, 바위는 다시 아래로 굴러 떨어졌고 시시포스는 모든 걸 처음부터 다시 시작해야 했다. 희망 없는 노동만큼 무서운 벌은 없다고 신들은 생각했다.

이 이야기가 비극적인 이유는 성공할 가망이 없다는 것을 시시포스 자신이 이미 알고 있기 때문이다. 그가 직면한 문제는 결코 해결될 수 없다. 그러한 끊임없는 노동—더 이상 자신을 기억하지 못하는 남편을 따뜻하게 보살펴주는 노부인, 끊임없이 실종된 자식을 찾아 헤매는 어머니, 정부를 상대로 끈질기게 물고 늘어지는 실종 군인의 여동생, 죽어가는 에이즈 환자 곁에서 24시간 내내 그를 돌보는 친구들—이 바로 모호한 상실의 얼굴인 것이다. 하지만 시시포스와는 달리 아직 해결되지 않은 슬픔을 겪고 있는 사람들은 여전히 희망에 매달릴 수 있다. 그런 가족을 위한 목표는 비록 모호함이 남아 있더라도 변화할 수 있는 무언가를 찾는 것이다. 변하지 않는 상황을 변화시킨다는 것은 또 다른 역설이다.

그런데 많은 사람이 성공했다. 사실, 수없이 많은 내 연구와 다른 임상 연구를 통해 그들의 모호한 상실에서 약간의 희망을 볼 수 있었다. 상황 자체가 바뀌는 것이 아니라 그들이 바라는 것이 달라진 것이다. 질병이 사라지지 않을 때, 사람들은 창의적으로 다른 방법—질병을 관리하기 위해 최선을 다하거나, 같은 고통을 겪고 있는 다른 사람들을 돕거나, 다른 사람들이 자신들과 같은 경험을 하지 못하도록—을 통해 희망을 찾는다. 사람들은 놀라운 독창성을 발휘해 비극적인 상황처럼 보이는 것들에 희망을 불어넣는다. 실종 아동들의 부모들은 법률 제정자들에게 로비를 펼치고, 어린이 보호를 강화할 수 있도록 법을 수정하는 데 성공하고, 국제 컴퓨터 네트워크를 통해 실종 아동의 사진들을 전 세계로 실시간 전송하는 시스템을 구축한다. 정신적으로나 육체적으로 병든 가족을 둔 사람들은 법을 바꾸기 위해 노력하고 전국적인 연합을 형성해 의료 종사자들의 관행에 대응하며, 정부가 고질적인 질병에 대한 연구비 책정에 영향을 미칠 수 있도록 활동한다. 사람들은 변화를 끌어내기 위해 자신들의 능력을 발휘하는데, 그것이 언제나 상실로 인한 비극을 변화시키는 것은 아니지만 미래에 비슷한 상실을 겪을 수 있는 다른 사람들을 돕는다. 만약 모호한 상실을 초래한 세상에 대해 부당하다고 느낀다면, 그들은 다른 사람들을 위해서라도 상실의 위험을 줄이는 활동을 하며 혼란 속에서 의미를 찾는다.

임상적 관찰에 따른 내 연구와 다른 전문가들의 연구를 통해서, 모호한 상실에서 의미를 얻는 방법에 영향을 주는 몇 가지 요인들을 발견했다. 첫 번째 요인은 출신 가족 배경과 초기 사회 경험이다. 가족은 우리가 상실의 의미를 이해하는 데 필요한 규칙과 역할, 의식 등을 처음 배우는 곳이다. 나는 부부나 가족과 함께 일을 하면서 각자의 가족이 어떤 인식을 갖고 살아왔는지를 물어본다. 슬픈 감정을 가족끼리 표현하나요? 병들어 죽어가는 가족을 여성이 돌봐야 한다고 생각하나요? 남자인 어른과 아이는 강하니까 잘 참고 견딜 거라고 생각하나요? 가족 기념일과 축하 행사가 갑자기 변경된 적이 있나요? 만약 그렇다면, 이유가 뭐였죠? 가족 구성원 중 문제에 대한 답을 찾지 못해도 견딜 수 있는 사람은 누구죠? 그 사람에게 모호함을 견딜 수 있게 해준 건 무엇일까요? 성별이나 나이, 인생 경험 또는 종교적인 믿음? 이 질문들은 사람들이 어떻게 말이 안 되는 상황에 대처하며 지내왔는지에 대한 기본적인 정보를 얻는 데 도움이 된다.

가족들이 함께 치르는 행사나 의식은 종종 가족에 대한 많은 것을 드러내기 때문에, 나는 이러한 일들을 모호성에 대한 가족의 내성을 짐작할 수 있는 단서로 본다. 나는 부부나 가족에게 특별한 행사—명절 모임, 출생 의식, 성인식, 결혼이나 장례식뿐 아니라 졸업식, 입학식 등—에 관해 묻는다. 가족 구성원을 결정하기 위해 행사에 누가 초대되었는지, 누가 빠졌는지 물어본다. 나는 가족 중 누가 어떤 역할을 했으며 의식과 축하의 형태를 바꾸기 위한 암묵적이고 명시적인 기준은 무엇이었는지 묻는다. 가족들의 대화를 기억에 남는 행사에 집중시키는 것은 그들의 모호한 상실 안에서 의미를 찾도록 유도할 수 있기에 유용한 방법이다.

올슨 가족은 매년 11월 집에서 추수감사절 모임을 함께했다. 삼대가 모여 음식과 집안 대대로 사용하는 접시가 멋지게 놓여 있는 커다란 식탁에 둘러앉았다. 식탁의 맨 상석에는 사랑하는 아버지이자 할아버지인 올슨 씨가 앉았다. 주방에서 칠면조가 담긴 커다란 접시가 나오면 그 의식은 시작되었다. 가족이 둘러앉으면 모든 사람의 시선이 10킬로그램의 칠면조를 자르는 올슨 씨에게 집중되었다. 모든 가족이 그 순간을 사랑했다. 그런데, 올해는 뭔가 이상했다. 올슨 씨는 칠면조를 엉망으로 만들어버렸다. 그가 칼을 쥐고 칠면조 고기를 막 써는데, 고기 한 조각이 갑자기 접시에서 식탁보 위로 미끌어지더니 바닥에 그대로 툭 떨어졌다. 침묵. 먼저 침묵을 깨고 입을 연 사람은 올슨 부인이었다. 양탄자와 고풍스러운 식탁보에 얼룩이 생길까 우려를 표했다. 하지만 올슨 씨를 포함한 다른 가족은, 올슨 씨가 예전처럼 품위 있고 깔끔하게 이 명절 의식을 더 이상 치를 수 없게 되었다는 걸 알고 몹시 당황했다. 그들은 의사가 알츠하이머병을 진단했다는 것을 알고 있었지만, 믿을 수 없었기 때문에 그 병의 가능성을 부인했었다. 하지만 추수감사절에 제 역할을 제대로 해내지 못하는 것을 보았고 그가 변하고 있다는 사실을 받아들여야만 했다. 다음 해, 올슨 부인은 더 이상 칠면조를 자를 수 없는 그의 모습을 자식들과 손주들에게 보이고 싶지 않아서 추수감사절 만찬은 생략하자고 제안했다.

명절 의식을 바꾸는 대신 취소하는 이 결정은 모호한 상실을 가진 가족들의 일반적인 반응이다. 일단 가족 토론에서 의사소통을 시작하게 되면 몇몇은 그리고 대부분 어린 자녀들은 전통을 지속하자고 밀어붙인다. 그런 다음 나는 가족들에게 어떻게 그들이 당혹감을 피하면서도 명절의 의미를 잃지 않기 위해 수정된 방법으로 축하를 계속할 수 있을지에 대해 묘안을 떠올려보기를 요청한다. 다른 사람이 할아버지의 역할을 할 수 있을까요? 할머니가 식탁 상석에 앉아서 칠면조를 자르면 안 될까요? 장남이나 장녀가 이 역할을 대신할 수 있을까요? 받아들여지지 않았다. 올슨 집안에서는 아무도 이 소중한 사람을 식탁의 상석에서 다른 곳으로 옮기기를 원하지 않았다. 그때 누군가가 다른 아이디어를 꺼냈다. "모든 것을 그대로 두되, 하나만 바꾸자. 누군가 다른 사람이 주방에서 칠면조를 잘라서 할아버지 앞에 가져다 놓아라. 할아버지는 계속 상석에 앉아 계시고. 할아버지 옆에 앉은 사람이 시중을 들면

되지." 단순한 생각이지만, 그 의미는 매우 깊은 것이다.

자발성과 유연성에 익숙하지 않은 이 가족은 일찍이 적응과 변화에 대해 깊이 생각하지 않았었다. 가장의 건강 악화를 이유로 집안의 오랜 전통인 추수감사절 저녁 식사 모임을 취소하려는 경향을 보였다. 그들의 첫 번째 변화는 할아버지께 먹기 좋게 자른 칠면조 고기를 건네자는 작은 제안을 받아들이는 것으로부터 시작되었다. 그의 치매가 진행됨에 따라 가족 내 고정된 성별 역할도 이에 따라 훨씬 더 유연해졌다. 집안의 가장이 된 올슨 부인이 추수감사절 식탁의 상석에 앉게 되었다. 그녀 옆에 앉은 남편은 불가능한 상태에서도 자신의 임무를 수행하느라 애쓰던 예전의 모습보다 훨씬 편안해졌다. 모호한 상실이 있다고 해서 가족들의 축하 모임과 의식을 중단할 필요가 없음이 확실해졌지만, 가족들은 기존의 전통을 바꾸기 전에 그들에게 상실이 어떤 의미인지를 먼저 깨달아야 한다.

통제할 필요 없이 상황 자체를 받아들일 수 있는 사람들은 오랜 양식과 전통을 바꾸는 데 있어서도 자발적이고 유연한 모습을 보여주는 것으로 밝혀졌다. 그러나 나는 연구를 통해 모든 사람이 나이와 상관없이 원한다면 변화할 수 있다는 것과 가족의 전통을 완전히 포기하는 대신 상황에 맞게 수정할 수 있다는 것을 알게 되어 오히려 안도하고 있음을 배우게 되었다.

모호한 상실에 의미를 부여하려는 가족들은 그들의 영성에 의해서도 영향을 받는다. 리서치 인터뷰나 내 임상 연구에서도 사람들은 자신의 정신적인 믿음으로부터 평화와 힘을 얻었다고 자주 말한다. 가족 대화에 참석한 어느 가족의 성인 아들과 딸을 인터뷰했는데, 그들은 치매로 아버지가 돌아가시기 전에 여든 살 어머니가 스트레스 때문에 먼저 죽게 될지도 모른다며 두렵다고 했다. 아들과 딸은 대기업 임원들이었다. 그들은 안절부절못했고, 계속 노모와 시계를 번갈아 쳐다보며 빠르게 말했다.

그러는 동안 노모는 침착하게 앉아 있었다. 그녀는 자녀들과 달리 불안해 보이지 않았다. 아들이 말했다. "어머니, 뭔가 조치를 취해야 해요. 아버지를 돌보는 모든 일이 어머니를 너무 힘들게 하고 있어요." 그녀가 대답했다. "안 그렇다니까. 내가 하는 만큼 신이 나를 돌봐주고 보호해줄 거다." 옆에 있던 딸이 참을 수 없다는 듯이 입을 열었다. "아니야, 엄마. 스트레스가 엄마를 '짓누'를 거야."

내 눈에 노모는 만족스러워 보였고 걱정과 스트레스에 가득 찬 사람은 오히려 자녀들이었다. 노모에게 확실히 무거운 짐이었지만, 그녀는 그렇게 느끼고 있는 것처럼 보이지 않았다. 그녀에게 더 큰 피해를 주는 상황은 오히려 보살핌을 돕지 않는 자녀들 같았다.

나는 내가 본 것을 가족들과 공유했다. 다음 몇 번의 대화를 통해 자녀들은 자신들의 참여도가 부족하여 스스로 불안감을 느끼게 되었다는 것을 인지하기 시작했다. 우리는 어떻게 노모의 일이 가족 전체의 일로 전환될 수 있을지에 대해 의논했다. 비록 그들은 업무가 바빴지만, 그들이 도울 수 있는 일에 대해 노모와 이야기를 나누었다. 한 사람은 상당히 많은 서류 관리를 일괄적으로 도맡아 처리하기로 했고, 다른 한 사람은 노모가 적어도 매주 오후에 쉴 수 있도록 휴식 시간을 갖는 방법과 노인주간보호센터를 찾아보기로 했다. 대화가 끝날 때쯤, 아들과 딸은 노모의 스트레스보다 자신들의 스트레스가 더 문제라는 사실에 심지어 조금 웃기도 했다. 노모는 그 말이 무슨 뜻인지 알겠다며 웃더니, 이렇게 덧붙였다. "하느님이 도와주는 것은 알고 있었지만, 너희들도 나를 돕는다니, 좋구나."

미네소타 북부의 아니시나베 여성들 또한 영적으로 노인의 치매를 받아들인다. 루비는 이렇게 말했다. "나는 항상 모든 일이 이유가 있어서 일어난다고 배웠어요. 이모가 아픈 것도 신이 아프게 한 이유가 있었을 거고, 그게 내가 정당화시킬 수 있는 유일한 방법이죠." 또 다른 여성이 말했다. "신은 내가 견딜 수 있는 만큼 고통을 준다고 생각해요. 그리고 지금 일어나고 있는 모든 일이 내가 무언가를 할 때마다 일어나는 방식 그대로 일어나고 있다고 생각해요, 날 또 다른 세계로 이끌죠. 내가 내 자식과 손주들을 바라보는 것과 거의 똑같이 어머니를 바라보게 되죠." 다른 여성이 말하듯, 알츠하이머병으로 생명의 순환은 완성되었다. "[우리 어머니가] 어린아이로 태어난 거죠. 마치 동그란 원 같은 곳으로 어머니가 천천히 작아지며 들어가는 것같이…… 다시 어린 아이가 되었죠."[2] 비록 사람들이 영성과 신에 대해 다른 믿음을 갖고 모호한 상실을 경험할지라도, 그들을 하나로 묶어주는 것은 불확실한 상황 속에서 어떤 의미를 찾고자 하는 능력이다.

모호한 상실에 대한 이해에 영향을 주는 또 다른 요소는 사람들의 사고방식이다. 그들은 낙관적인가 아니면 비관적인가? 대소변을 못 가리게 된 한 남자의 간병인 아내는 "남편을 화나게 했던 모든 일을 지금 내게 되돌려주고 있어요! 그는 언젠가 날 죽일 거예요!"라고 말했다. 그녀는 자신의 병간호 의무를 가능한 한 최악의 시각으로 해석했다. 비슷한 상황을 겪는 또 다른 아내는 이렇게 말했다. "내 남편을 얼마나 사랑하는지 보여줄 기회를 마지막으로 한 번 더 갖게 된 거죠. 난 내가 할 수 있다는 걸 알아요." 당연하게도, 두 번째 여성의 우울증 증상은 좀 더 낙관적인 자세 때문에 낮은 수치를 보였고, 건강 상태 또한 첫 번째 여성보다 좋았다. 이 두 간병인은 상황을 받아들이는 방식의 차이 때문에 서로 다른 형태의 개입 방법과 도움을 필요로 했다. 낙관론자는 병이 반쯤 차 있다고 보았고 비관론자는 반이 빈 것으로 보았다.

심리학자 마틴 셀리그먼은 이런 낙관론과 비관론을 '생각의 습관'이라고 부른다.[3] 그는 "비관론자들은 나쁜 일은 오래갈 것이며, 그들이 하는 모든 일을 악화시키고, 이는 모두 자신의 잘못 때문에 벌어진 일이라고 믿는 경향이 있다. 낙관론자들은 똑같은 어려움에 직면하더라도 실패를 일시적인 현상이라고 믿는 경향이 있으며, 원인을 이 한 가지 경우에 국한한다"라고 말한다. 낙관론자들은 문제를 해결할 수 없는 이유가 자신에게 있는 게 아니라 외부의 상황이나 불운의 결과로 본다. 셀리그먼에 따르면, 낙관적으로 생각하는 경향이 있는 사람들은 실패에도 당황하지 않는다. 나쁜 상황에 직면했을 때 그들은 단순히 그것을 도전으로 여기고 더 열심히 노력한다.

낙관주의와 희망이 있는 한, 죽음이 임박한 가족 구성원과의 관계를 포기하지 않고 계속 노력하는 것은 하나의 승리일 수 있다. 이혼한 배우자와 자녀를 양육하는 문제에 서로 협조할 수도 있고, 자녀들이 떠난 후 다시 떠날 것을 알면서도 집으로 돌아오도록 내버려두거나, 실종된 부모나 자식을 찾는 수색 작업을 계속할 수 있다. 이것이 인간이 계속해서 바위를 언덕 위로 밀어 올리는 일이다. 만약에 우리가 낙관적인 자세로 이 일을 한다면, 인내하는 것이 어리석은 일이라고 말할 수는 없다.

끝으로, 어떻게 세상을 바라보느냐의 문제는 모호한 상실 속에서 의미를 찾는 데 영향을 미친다. 세상을 논리적으로 공평하고 정의로운 장소로 바라보면 모호한 상실을 받아들이는 데 방해가 될 수 있다. 세상을 이런 관점으로 보는 사람들은 우리가 마땅히 받아야 할 것을 누린다고 느낀다. 즉, 우리가 열심히 일하고 도덕적인 사람이라면, 우리는 성공하고 행복할 것이라고 여긴다. 그러나 이 관점의 다른 면은 속단과 비난으로 가득 차 있다. 어려움을 겪고 있는 사람들을 볼 때면, 원인을 그들의 잘못으로 보는 것이다. 그들 혹은 그들의 가족이 무능하거나, 게으르거나, 부도덕해서 그들은 정당하게 벌을 받고 있다고 여긴다. 이 세계관의 문제는 좋은 사람들에게도 당연히 나쁜 일이 일어난다는 것이다. 정신적, 육체적 질병과 자연재해는 누구의 잘못도 아니다. 그러나 이러한 외부적인 사건으로 인해 가족들은 심각한 상실에 빠질 수 있다. 비난거리를 찾는 것은 거의 도움이 되지 않는다.

근본적인 질문을 던지자면, "왜 이런 일이 일어났을까?"일 것이다. 우리는 원인과 결과에 맞춰 깔끔하게 떨어지는 등식 너머의 것들과 마주할 준비를 해야 하고, 불확실성과 함께 사는 법을 배워야 한다. 우리는 왜 나쁜 일이 좋은 사람들에게 일어나는지 정확히 알 수는 없지만, 적어도 모든 일이 우리 행동의 결과로 일어난 것이 '아니'라는 건 안다. 우리 대부분은 세상을 합리적인 장소로 바라보는 교육을 받았으므로, 원인과 결과에 맞춰 사고하는 습관을 버리기 어렵다. 예를 들면, 어머니가 제대로 먹지 못했기 때문에 제정신이 아니라거나, 심부름을 보낸 자녀가 자신들 때문에 납치당했다고 생각하거나, 아내의 잔소리 때문에 남편이 술을 마신다고 생각하는 경향들이 그렇다. 상담 중에 내가 흔히 맞닥뜨리는 선입견인데, 이는 원인을 찾으려는 본질적인 필요성에서 비롯된 것이다. 사람들은 세상이 '항상' 정의로워야 한다는 생각에 집착하는데, 그렇지 않으면 무작위로 겪는 상실을 장악할 방법이 없기 때문이다. 그리고 이는 많은 사람들이 두려워하는 일이다.

제인 스마일리의 『천 에이커의 땅에서』에 나오는 인물 로즈는 언니와 함께 나누는 대화에서 정의로운 세상에 대한 믿음을 보여준다. "지니, 난 내가 어떻게 생각하는지 알아. 오랜 시간 동안 생각했으니까. 엄마의 수술로 병원에 있는 동안 계속 생각했어. 엄마는 죽어가. 아버지와 피터는 아주 못된 술주정뱅이가 되어버렸어. 딸들을 멀리 보내고, 그것도 모자라 내 몸의 일부까지 떼어냈어. 그런 상황 속에서, 만약에 법이 없다면, 거기엔 뭐가 있을까? 뭔가가 있을 거야, 질서, 공정, 정의, 제발 바라건대!"[4]

상실에 직면하거나 다른 충격적인 일을 겪은 사람들에게 비난의 대상이 필요한 건 흔한 반응이다. 전쟁포로였던 한 군인은 자신이 포로로 잡힌 사실을 이해하는 데 오랜 시간이 걸렸다고 나에게 말했다. 나는 더 이야기를 들려달라고 청했다. 그는 처음엔 몸이 성치 않아서 헬리콥터를 탈 수 있을 만큼 빨리 뛰어가지 못한 자신의 잘못이라고 생각했다. 하지만 한동안 감금된 후 자신을 탓했던 이유에 변화가 생겼다. "그럼 누구에게로 향하게 됐나요?" 내가 물었다. "정치인들이죠." 그가 말했다. 그의 분노가 더 이상 자신을 깊이 겨냥하는 것이 아니라 외부적인 원인으로 향하자, 감금의 이유가 바뀌면서 그와 그의 가족이 겪었던 시련을 회복하는 데 도움이 되었다.

자기 자신을 탓하거나 남을 탓하지 않는 사람은 종종 그들의 불행을 불운 탓으로 돌린다. 이는 모호한 상실에서도 자신을 탓하는 것보다 더 기능적인 접근이다. 실제로, 상실을 둘러싼 불확실성을 무작위성에 귀속시키는 것 자체가 상실을 이해하는 방법이다. 아무런 문제가 없었지만, 그냥 일어난 일인 것이다. 우리에게 왜 그런 일이 일어났는지 이유를 언제나 알 수 없다는 사실 자체가 답이다.

모호한 상실이 종종 외부의 힘으로 발생하고 자신의 탓으로 일어난 일이 아니라고 인지하면, 슬픔과 동시에 조금은 자유로울 수 있다. 상실 자체는 해결되지 않지만, 많은 사람이 그들의 비극적인 상황에서 의미를 찾을 수 있는 것이다. 세 아들이 실종된 베티와 케니 클라인의 이야기를 상기해보자. 그들은 실종 초기에 자신들이 나쁜 부모였을지도 모른다는 생각에 빠졌다. 그런데 베티가 그 후 다시 임신했을 때, 그녀 자신이 자녀를 더 갖게 된 것은 신으로부터 좋은 부모라는 확신을 얻었기 때문이라고 받아들였다. "신이 우리에게 아이들을 돌려준 거죠, 실종된 자식들을 결코 대신할 수 없겠지만, 그건 불가능하니까요. 그러니, 어쨌든, 우리가 좋은 부모라고 증명해줬어요. 난 그렇게 생각해요." 그녀는 심지어 자신이 겪은 상실이 다른 부모들에게 어떤 의미를 주었다고 믿게 되었다. "제 생각엔, 흠, 아마도 다른 엄마들에게 자식들을 좀 더 가까이에서 지켜보도록 경각심을 줬을 거예요, 그런 일 때문에. 분명히 많은 부모가 자녀들을 팔로 꼭 껴안고 집으로 데려갔을 거예요. 우리 애들에게 그런 일이 생겼을 때다들 많이 놀랐을 테니까요. 확실해요, 그랬을 거예요."[5] 나는 햇볕이 내리쬐는 그녀의 집에서 감탄하며 귀를 기울인 채 칼 융의 말을 떠올렸다. "의미는많은 것을 견딜 수 있게 만든다. 아마도 모든 것에 대하여."[6]

자기 비난은 기능 장애를 불러오고 우리의 삶이 앞으로 나아가는 것을 방해한다. 만약에 우리가 자신―혹은 다른 사람들―을 용서할 수 없다면, 과거에 대해 곰곰이 생각하게 되고, 분노의 감정이 종결되지 않으므로 우리는 슬퍼할 수 없다. 모호한 상실을 떠올리게 하는 증세를 치유하기 위해 비난을 최소화하게 만드는 공개적인 실험을 남아프리카에서 진행했다.[7]

수십 년의 테러 이후, 남아프리카에는 자유를 위한 투쟁에서 희생당한 많은 이들에 대한 문서가 사라졌다. 넬슨 만델라 대통령이 이끄는 새 정부에 의해 진실화해위원회가 구성되었다. 위원회를 이끄는 데스몬드 투투 주교는 가해자에 대한 사면과 희생자 가족들을 위한 진상 규명을 조건으로 내걸고 전례 없는 공개 증언을 요구했다. 공개 증언은 이런 식으로 진행된다. 실종된 아들을 둔 어머니가 자신의 이야기를 들려주고, 가해자는 어떻게, 언제, 어디서 고문을 하고 그녀의 아들을 살해했는지에 대해 증언한다. 모든 사실을 종합하면, 그녀는 자식에게 무슨 일이 일어났는지 그리고 그녀의 아들이 정말로 죽었는지 아닌지에 대해 완결된 이야기를 알게 된다. 위원회는 가해자의 공개적인 자백과 피해자가 실종된 자녀에 관해 털어놓는 방법이 두 적 사이의 화해, 그리고 궁극적으로는 사회적 치유로 이어질 것이라고 기대한다. 고백과 용서의 과정이 효과가 있다는 전제다. 하지만 내가 그 과정 자체만으로도 또한 효과가 있다고 덧붙이고 싶은 이유는 가족들에게 실종된 이에 대한 가능한 많은 정보가 제공되기 때문이다. 물론, 가해자들이 처벌에 대한 사면의 혜택 때문에 증언했다는 점을 고려한다면 그들의 고백이 모두 진실할 것이라는 보장은 없다. 아마도 남아프리카의 사람들—그리고 확인되지 않은 죽음으로 사라진 다른 나라 사람들도—은 완벽한 해결책이 아니라는 것을 알면서도 모호한 상실은 인정할 수 있을 것이다. 이 세상에서 실종된 많은 아이들을 생각할 때, 비록 가해자로부터 얻은 것이라 할지라도 명확한 정보들이라면 피해 가족들에게 치명적인 상실을 끝맺는 데 도움이 될 수 있을 것이다. 실종된 자녀에게 무슨 일이 일어났는지, 그 자녀가 살아 있는지—만일 죽었다면, 시신은 어디 있는지—
확실히 알 수 있다면 많은 부모들이 자신을 용서할
수 있을 것이다. 여러 사람에게 상실을 확인하는 데
기반이 되는 정보는 대가를 치르게 하는 것 이상의
가치가 있다. 그러므로 우리는 남아프리카 실험이
효과가 있는지 지켜봐야 하며, 전쟁과 같은 대재앙
이후에 국가적 규모로 확산된 모호한 상실을 정리할
수 있는 특별한 방법을 배울 것으로 기대한다.

스토리텔링은 언제나 상실의 의미를 찾는 방법
으로 이용되었다. 많은 남아프리카공화국 사람들은
오래된 부족 이야기를 들으며 자랐는데, 대부분은
희생자, 가해자, 그리고 용서에 관한 내용을 담고 있
었다. 미국 원주민 인디언들도 치유하기 위해 이야
기를 했다. 오늘날 서사 분석의 부활은 스토리텔링
이 우리의 상실감을 이해하는 데 유용하다는 또 다
른 증거이다.[8] 우리 중 기존의 실증주의 방식으로 훈
련된 사람들은 해결할 수 없는 상실을 안고 살아가
는 가족들이 가진 새로운 질문, 새로운 대답, 그리고
무엇보다 새로운 의미를 듣기 위해 사람들의 이야
기에 주의를 기울여야 할지도 모른다. 그렇게 함으

로써, 우리는 혼돈 속에서 의미를 함께 발견한다.

　가족들은 옛날이야기 속에 담긴 전통 의식과 상징, 은유가 모호한 상실을 이해하려고 애쓰고 있을 때 도움이 된다고 말한다. 알츠하이머병 환자를 둔 한 가족은 그들의 다양한 인식을 1920년대 일본 작가 아쿠타가와 류노스케의 『라쇼몬』과 비슷하게 보았다. 소설을 보면, 숲에서 일어난 범죄의 목격자들이 모두 상반된 이야기를 한다.[9] 목격자마다 자신이 본 것을 말하는데, 요즘 목격자와 마찬가지로 그들의 이야기는 서로 동일하지 않다. 모두 무슨 일이 일어났는지에 대해 다르게 인식하고 있고, 모두가 자신의 이야기가 진실이라고 믿는다. 이 소설을 통해, 가족들은 사랑하는 사람의 부재와 존재에 대한 인식이 모두 상대적이라는 것을 인식하게 된다. 같은 상황을 바라보더라도 가족 개개인이 다른 해석을 할 것이며, 상실을 이해하기 위해 완벽하게 일치된 시선을 추구할 필요가 없다는 것도 알게 된다.

　실종된 조종사의 아내들을 인터뷰하면서 또 다른 이야기가 수면으로 올라왔다. 그들 가운데 몇몇은 종종 생텍쥐페리의 『어린 왕자』를 언급했다. 그들은 남편의 실종을 이해하는 데 그 이야기가 도움이 되었다고 말했다. 나는『어린 왕자』가 자녀들을 위한 동화라고 생각해서 읽지 않았었는데, 인터뷰를 마치고 나서 책을 펼쳐보았다. 왜 그 이야기가 도움이 되었는지 바로 알 수 있었다.『어린 왕자』의 작가가 사막에 불시착한 조종사였을 뿐만 아니라, 부재와 존재의 모호함, 그에 뒤따르는 현실적인 문제들을 이해하게 해주는 많은 의미가 담겨 있었다.

왕자는 여우에게 길들여지는 것은 인생에서 매우 중요하다는 사실을 알려주었고, 관계를 맺는 것은 꼭 필요한 일이라고 강조했다. 처음에 여우는 왕자에게 길들여지기를 거부했지만, 결국에는 결과를 각오하면서 받아들이게 된다.

네가 나를 길들인다면, 마치 태양이 내 삶을 비추는 것처럼 밝아질 거야. 나는 다른 발소리와 다른 네 발소리를 알게 될 거야. 다른 발소리가 들리면 난 굴속으로 숨을 거야. 네 발소리는 음악처럼 날 굴 밖으로 불러낼 거야. 그리고 저길 봐. 밀밭이 보이지? 난 빵을 먹지 않아. 밀은 내게 아무 쓸모가 없어. 밀밭은 내게 아무런 말도 하지 않아. 그래서 그게 슬퍼. 그런데 너는 금빛 머리칼을 갖고 있구나. 네가 날 길들인다면 얼마나 멋진 일일까 생각해봐! 밀도 금빛이니까 널 기억하게 해줄 거야. 그리고 밀밭을 스치는 바람 소리까지 사랑하게 될 거야.[10]

길들여지거나 친밀한 관계는 우리를 상실에 취약하게 만들 수 있지만, 충분히 위험을 감수할 만한 가치가 있다. 밀밭이나 별을 은유적으로 바라볼 때마다 우리는 사랑하는 사람을 떠올린다. 그 순간 그들은 우리와 함께 있다. "날 기분 좋게 해." 여우가 말했다. "밀밭 색깔 때문이지."[11] 모호한 상실로 인해 논리적이지 않은 것까지 이해하려고 애쓰는 우리에게 꼭 필요한 태도이다.

사랑하는 사람이 육체적으로나 심리적으로 실종되었을 때, 이 상황을 이해하고 나아가는 시간은 무척이나 괴로운 과정이다. 이야기는 그들의 처지를 이해하도록 애쓰는 사람들을 도와준다. 과학적으로 정확한 답보다, 때때로 은유와 상징은 눈앞의 상황을 초월할 수 있게 해주며 상실 속에서 의미를 찾도록 돕는다. 상황 밖으로 나와 전체를 바라보면 뭔가 이해할 수 없었던 것들이 갑자기 이해가 되기도 한다.[12]

가족심리상담사와 의료 전문가들은 모호한 상실이 '그들'에게 어떤 의미인지 말하는 가족 구성원들의 이야기를 주의 깊게 들어야 하는데, 문화, 성별, 인종, 민족성, 성적 지향성, 심지어 나이에 따라 다양한 시선들이 담겨 있기 때문이다. 그들의 이야기에 고통의 원인과 그 의미에 대한 단서들이 있다. 그들은 무슨 일이 일어나고 있는지 알 수 없어서 화가 난 걸까? 혹은 정상이 아닌 엄마나 아버지, 혹은 둘 때문일까? 아니면 그들이 괴로워하는 이유는 무력감과 죄책감을 느껴서일까? 우리가 그들의 이야기를 통해 얻는 것은, 그들이 경험하고 있는 것을 이해하는 것뿐만 아니라, 심지어 외부에서 그들에게 가해지는 압력까지 초월하며 버텨내고 있는 것에 대한 진정한 공감이다.

사람들은 바위를 산 정상으로 한 번에 완전히 밀어 올릴 수 있다고 믿어야 한다. 그렇지 않으면 그들이 심리적으로 부재하는 가족을 돌보는 데 쏟는 노력이나, 실종자가 집에 돌아오기를 기다리는 시간은 아무 의미가 없을 수도 있다. 실종된 사람에 대한 소식을 끝없이 기다리는 사람들이 고난의 시간 속에서 희망과 낙관을 발견할 수 있다면, 그것은 헛된 일이 아니다. 실제로 그들은 낙관적이고 창의적이며 유연한 상태를 유지할 수 있는 능력 때문에 모호함의 한가운데서 의미를 찾을 수 있다.

9장

끝나지 않는
상실의 지평선에서

말러의 교향곡 9번 거의 끝부분에 이르면, 바이올린 선율이 뒤로 넘어가듯 점점 잦아들면서 첼로 연주가 짧게 흘러나온다. 마치 모든 것을 처음부터 다시 시작하기로 작정한 듯, 제1악장의 파편들을 끌어모은 후 처음의 첼로 선율들이 날숨처럼 사라진다. 나는 이 몇 초의 순간들을 상당히 고무되어 듣곤 했었다. 우리는 꼭 다시 만날 거야, 우리는 여전히 여기에 있어, 그렇게 견디고 또 견디며.

—루이스 토마스,
『말러의 교향곡 9번을 들으며 생각에 잠기는 밤』

시인들은 항상 모호함이 불안감을 유발하는 동시에, 매우 매혹적이라는 것을 알고 있었다. 우리의 인간관계가 그 어떤 것도 확실하지 않다는 걸 어느 정도는 간파했기 때문일 것이다. 릴케는 젊은 시인에게 "질문 그 자체를 사랑하라"고 말한다. 존 키츠는 "소극적 수용 능력negative capability"이라고 묘사한다. 그리고 오늘날, 앨리스 워커는 우리에게 "계획을 세우되 계획한 대로 모든 것이 일어날 것처럼 계획하지는 말라. 아무것도 기대하지 말고 뜻밖의 놀라움을 검소하게 즐기며 살라"[1]고 당부한다. 이 시인들을 수 세기에 걸쳐 하나로 묶어주는 공통 주제는 모호함을 완전히 없앨 필요는 없다는 것이다.

사랑하는 누군가가 이제 어느 곳에도 존재하지 않는다는 사실을 알게 된다는 건 비극적인 일이다. 하지만 동시에, 모호한 상실은 우리가 경험하는 강도 높은 스트레스임에도 불구하고 약간의 긍정적인 결과도 안겨준다. 혼란과 분명함의 결핍 속에 창의적인 생각의 기회와 해결을 위해 성장할 수 있는 새로운 존재 방식이 깔려 있기 때문이다.

풀리블랭크 가족은 8년간 루게릭병이 점점 심해지는 아버지 론을 지켜보는 고통을 경험했다. 아버지는 온몸이 점점 마비되었고 눈만 겨우 깜빡일 수 있었다. 투병 초기, 론과 그의 아내 엘렌은 자녀들과 어떻게 남은 시간을 함께하며 최선을 다할 수 있는지를 용기 있는 모습으로 보여주었다. 부부는 무슨 일이 일어나고 있는지에 대해 서로 이야기했고 엘렌은 그 상황을 이해하려고 애썼다. 부부는 친구들과 가족들의 도움을 얻어 환풍기가 달린 휠체어에 론을 태우고 제한된 삶의 한계 너머, 그가 예전에 등반했던 요세미티나와 심포니 연주회, 그리고 바다를 보기 위해 세상 밖으로 자주 나오곤 했다. 비록 그 병은 예측 불가능한 말기였지만, 가족들은 모호함과 함께 사는 데 전문가가 되었다. 몇 년이 흐른 후, 자신도 재활치료사가 된 엘렌이 남편의 투병 생활 중 깨달은 가장 귀한 교훈을 내게 말해주었는데, 설명할 수 없는 것에 대해 논리적인 설명을 기대하지 말아야 한다는 것이다. 즉, 장악할 수 없는 것을 장악하려는 노력을 포기하고 옆에서 고통을 지켜봐주고 할 수 있는 일만 하라고 말했다. 그녀는 도움이 필요한 사람이 바로 그녀 자신이라고 결코 생각해본 적이 없었는데, "도움을 요청하고 고맙게 도움을 받아들이는 과정이 없었다면, 결코 그런 역경을 딛고 살아가는 법도 배울 수 없었을 거예요"라고 고백했다.[2]

모호함을 경험한 후, 가족 구성원들은 종종 여러 다른 미지의 삶의 영역까지 더 잘 나아갈 수 있는 힘을 얻는다. 직장에서 어려움을 극복하거나, 급류 래프팅을 시도해보거나, 외국으로 혼자 여행도 가보고, 심지어 결혼도 한다. 그들은 불확실성을 가지고 사는 법을 이미 배웠기 때문에 위험을 감내할 수 있다.

모호한 상실은 분명히 파괴적이고 지속적인 정신

적 충격을 줄 수 있다. 그러나 적절한 지원과 회복력을 갖춘 일부 사람들은 이 경험을 평생 어려운 환경에서 어떻게 자신이 살아가야 하는지를 배우는 기회로 활용하며, 상실한 것을 애도하는 동시에 여전히 가능한 것이 무엇인지 인식하는 균형적인 능력을 발휘하게 된다.

모호함은 사람들로 하여금 안정성에 덜 의존하게 하고 자연스러움과 변화에 더 익숙하게 한다. 그러나 이 경지에 이른다는 것은 특히나 책임지는 것에 익숙한 사람들에게는 두려운 일이다. 모호한 상실을 안고 있는 상태에서는 그것을 놓아주는 것이 과제가 된다. 우리는 정확히 어디로 가는지 알지 못하면서도 앞으로 나아가는 위험을 감수해야만 한다. 우리는 한 상황에 고착되거나 정지 상태에 머무는 것을 피하고자, 그렇게 삶의 질을 높여줄 수 있는 행동을 하는 것이다.

상실과 모호함 모두 인간 경험의 핵심 요소이며, 그래서 이 둘이 종종 '모호한 상실'로 합쳐지는 것은 놀라운 일이 아니다. 확실성의 부재는 일반적인 상실보다 긍정적인 결과를 기대할 수 있는 자유가 있으므로, 유리한 요소들을 포함하고 있다. 빅터 프랭클은 그의 나치 강제 수용소에서의 시절을 "비극적 낙관주의"[3]에 빗대어 모호한 상실을 설명했고, 내가 인터뷰한 몇몇 나이 든 가족들은 "실버 라이닝the silver lining"*으로, 길다 래드너**는 "기분 좋은 모호함 delicious ambiguity"이라고 불렀다.

난소암 말기였던 서른아홉 살의 래드너는 자신의 투병 경험을 기록한 자서전을 회복 소식으로 끝맺길 바랐지만, 결국 모호함에 경의를 표하며 마무리하게 된다. "이제야 어렵게 알게 되었다. 어떤 시는 각운을 맞추지 않고, 어떤 이야기는 명쾌하게 시작, 중간, 끝을 갖지 않는다는 것을. (……) 마치 내 인생처럼, 이 책은 모르는 것, 변화해야 하는 것, 비록 앞으로 어떻게 될지는 모르지만 순간에 최선을 다해야 하는 것들을 담았다. 기분 좋은 모호함. (……) 아마도 나는 절대 두려움과 공황 증세를 완전히 통제할 수 없을지도 모른다. 하지만 나는 어떻게 하루하

---

* 구름 가장자리에 보이는 햇빛. 힘든 상황 속 희망을 의미한다.

** Gilda Susan Radner(1946~1989). 미국의 코미디언. 〈새터데이 나이트 라이브SNL〉 오리지널 캐스트 멤버로 미국 코미디 역사의 상징적인 인물 중 한 명이다.

루를 통제하며 살아야 하는지 배울 수 있었다."[4] 그
녀는 1989년에 사망했다.

남겨진 가족 구성원들은 그들의 상실을 계속 이
해하려고 애쓰기 때문에 환자보다 종종 훨씬 더 오
래 모호함을 겪는다. 그들의 임무는 안갯속에서 앞
으로 나아가는 위험을 무릅쓴다. 점진적으로, 그들
은 상황에 익숙해져 가며 결정을 내리고 대처할 수
있게 된다. 그들은 종종 자신들의 비극적인 상실에
의미를 부여하기 위한 목적을 갖고 무언가를 행동
에 옮긴다. 래드너의 남편, 배우 진 와일더는 암환자
와 그 가족들을 지원하기 위해 뉴욕시에 '길다 클럽'
을 설립했다.

와일더처럼 배우자를 잃은 사람들과 남겨진 가족
구성원들은 같은 상실을 경험한 사람들과 함께 단
체에 참가함으로써, 그들이 절실히 필요로 하는 정
보와 지원을 구한다. 그러나 지원 단체만이 유일한
낙관론의 원천은 아니다. 대처 방법은 사람마다 다
를 것이다. 누군가는 종교에서 희망을 찾고, 또 다른
누군가는 예술에서 희망을 발견한다. 그러나 여전
히 어떤 사람들은 신부나 랍비, 목사, 무속인, 심지

어 예술가들을 가리켜 "희망이 바로 저 앞에 있다"는 말로 우리를 설득하는 허풍선이들이라고 말한다.[5] 중요한 것은 심리상담사, 친구 및 지역사회 구성원들이, 사랑하는 사람의 부재나 존재의 뻔한 모순 속에서 모호한 상실을 겪는 사람들이 그들만의 고유한 방식으로 기능을 유지할 수 있음을 인식하는 것이다. 상실 속에서 의미를 찾는 그들의 노력을 지원하는 것이 우리의 일이다. 그들의 해결책이 안전하다면, 그게 어디로 이어질지 상관없이 말이다.

우리는 끔찍한 질병이나 정신적 충격으로부터 발생하는 커다란 모순들뿐만 아니라 현대 가정생활에서 흔히 마주치는 일상적 모순에 주의를 기울임으로써 불확실성에 대처하는 방법을 배울 수 있다. 하루하루 맞닥뜨리는 모호한 상실에 편안해지면 더 심각한 모호함을 대비하는 데 도움이 될 것이다. 예를 들어, 우리 가운데 많은 이들은 출산과 육아 사이에 경계가 흐려지는 지점에서 모호함과 양가의 감정을 경험한다. 직장과 가족의 요구 사이에서 균형을 이루느라 부모는 자녀들에게 존재하면서 부재한다. 중요한 가족 축하 행사가 있을 때, 이 혼란들은 더 큰 스트레스가 될 수 있다.

두 자녀를 돌보며 미국 하원의원으로 활동했던 패트리샤 슈뢰더는 자녀의 생일 파티를 위해 어떻게 자신이 사적인 생활과 공적인 생활을 현실적으로 잘 버무려 부정적인 모호함을 긍정적인 것으로 바꾸었는지 설명했다. "공공기관은 개인의 삶이 없는 사람을 리더로 선출하려는 경향이 있고, 그들은 정말 가족 친화적인 게 뭔지 잘 모르는 것 같아요." 그녀가 말했다. 그리고 그녀는 하원의장 팁 오닐에게 "우리를 늦게까지 잡아둘 수도 있겠지만, 당신의 다이닝룸 좀 써야겠어요. 국회 경비원에게 곧 피에로와 다섯 살짜리 애들 열 명이 올 테니까, 준비하라고 하세요"라고 요구했다. 의장은 묵인했고, 그녀의 자녀 생일 파티는 그의 다이닝룸에서 치러졌다. 바쁜 정치인 생활에도 불구하고, 이 어머니는 그녀의 부재와 존재로 인해 맞닥뜨린 모호한 상황을 자녀들에게 피해를 주지 않으면서 동시에 자기 일에도 영향을 주지 않는 것으로 변형시켰다. 자신의 업무를 이유로 가족 행사를 취소하지 않았다. 비록 장소는 바뀌었지만, 생일 파티는 치러졌고 그녀도 참석

했다. 이 경우 모호함은 창조적이고 긍정적인 경험으로 바뀌었다.[6]

일상생활에서 맞닥뜨리는 모호한 상실의 원인이 바쁘고 부재한 부모의 경우만이 있는 것은 아니다. 의료 기술의 향상으로 이제 심각한 병 또는 뇌 손상 후에도 생명이 연장되고, 인공수정, 시험관 시술, 호스트 엄마*의 결과로 그림자 부모가 늘어나 출산의 형태가 복잡해졌다. 입양 가정 또한 증가했으며, 경제적 이유로 장기간에 걸쳐 이주한 이민자들이 선호했던 대가족 형태가 이제 양쪽 부모는 밖에서 일하고 성인이 된 자녀들은 절대 집을 떠나지 않는, 중산층 가정에서 흔히 볼 수 있는 모습으로 변모했다.

현대 생활에 만연한 모호함은 사람들의 영적 삶에까지 닿아 있어서 때때로 흥미를 불러일으킬 수 있다. 도쿄의 요코하마 주오시 묘지에는 눈동자와 움직이는 입을 가진 로봇 스님이 최근에 죽은 사람들을 위해 매일 아침 경구를 읽어주고 있다. 질문을

---

* 유학이나 연수 등 타국이나 타지역에 체류하면서 현지 가정에서 살게 되는 경우, 호스트 가족의 어머니를 가리키는 용어. 호스트 가족은 대부분 학생이나 방문객 등을 대접하면서 그들이 현지에서 편안하게 생활할 수 있도록 돕는 역할을 하게 된다.

던지자면, 스님은 거기에 부재하는가, 존재하는가?

확신에 대한 열망은 정상이지만 그것을 얻지 못하는 것 또한 자연스러운 일일 것이다. 기술이 점점 더 향상되어 삶을 모방하거나 생명 연장은 물론 인공 수정까지 할 수 있게 되었고, 일과 가정생활의 병행으로 일상 속에서 부재와 존재의 계속된 혼란을 느끼는 모호한 상실 현상들이 가족 내에서 극적으로 늘어남에 따라 혼란은 증가했다. 이런 현상들은 오히려 우리에게 확신할 수 없는 것에 대한 스트레스와 함께 가능한 한 긍정적으로 사는 법을 배울 필요가 있다고 일깨워준다. 결국, 우리에게 필요한 것은 절대적인 분명함이 아니라 오히려 모호한 상실을 인정하는 것이다.

우리는 사랑하는 이가 여전히 옆에 있으면서 부재하고, 없으면서 존재하는 아이러니한 인간관계의 틈바구니에서 씨름한다. 오늘날, 점점 더 많은 사람들이 죽음을 목전에 둔 사랑하는 가족들을 보살피며 살아갈 수밖에 없는 상황에 놓이게 된다. 여전히 또 다른 사람들은 각종 자연재해(지진, 홍수, 화산 폭발, 화재 등)와 혹은 전쟁 속에서 시신도 찾지 못하고 사라진 가족 구성원들로 인해 자신을 추슬러야 하는 상황들과도 맞닥뜨린다. 그런 경우에는 상실과 정면으로 맞서지 않는 한, 일상적인 방식으로 해결하기 힘든 비탄에 잠기게 된다. 그들이 이미 닿을 수 없는 곳에 있다는 이유로 사랑하는 이에 대한 그리움은 쌓여가고, 그 절망감이 우리 삶을 지배하며 앞으로 나아가지 못하게 만든다.

그리고 이는 나를 가르침과 동시에 깊이 배우게 한다. 연구원이자 가족심리상담사로서 나의 역할은 모호한 상실과 함께 힘겹게 살아가는 개인과 부부, 가족들을 돕는 것이다. 이 일을 하는 동안 나는 내 가족을 돌아보지 않을 수 없었다. 나는 내 경험을 더 명료한 시각으로 보기 시작했다. 1990년 한여름, 나는 늙고 병들어 임종을 앞뒀지만, 여전히 멋진 내 아버지와 함께 시간을 보내기 위해 차를 몰고 위스콘신 남부에 있는 고향으로 향했다. 그의 몸은 노쇠했지만 의식은 언제나처럼 명료했다. 우리는 항상 좋은 대화를 나눴고, 병원에서도 그런 관계는 변함없이 이어졌다. 우리는 베를린 장벽의 붕괴와 뉴스에서 떠도는, 국기를 태우는 모습에 대해 이야기했다.

그리고 우리는 죽음—그의 죽음—에 관해 이야기를 나눴다. 그는 잘 살아왔다는 말을 하면서 죽을 준비가 되었다고 했다. 엄마를 잘 부탁한다는 말과 함께 자신을 잊지 말라는 당부도 했다. 둘 다 약속하기 어려운 것은 아니었다.

그날 밤 간호사가 아버지의 병세가 안정적이라고 말했기 때문에, 우리에게 더 시간이 남아 있는 줄 알고 병원을 떠났다. 엄마의 깔끔한 집에서 나는 엘스베트 할머니가 수천 번의 뜨개 바느질로 손수 만든 니트 침대보를 덮고 잠들었다. 할머니의 수작업으로 완성된 꽃과 진한 상앗빛 잎사귀가 넓게 퍼져 있는 침대보는 그녀가 지독한 향수병에 걸렸을 때 현명한 시골 의사가 활동 처방으로 내려준 것 가운데 최고의 효과를 발휘한 심리 처방이었다. 그 의사는 우울증을 앓고 있는, 심신이 허약해진 많은 스위스 태생 이민자들을 대하면서 오늘날 우리가 그룹형 심리상담이라고 부르는 치료를 시작했다.[7] 새로운 심리 처방은 할머니에게 일생의 의미를 선사했다. 할머니가 뜨개질을 잘해서일 뿐만 아니라, 실의 감촉이 그녀로 하여금 멀리 스위스 직물 직조 공장에서 일했던 시간을 떠올리게 했고 그곳에 있던 그녀의 집과 연결해주었다. 나는 아버지의 죽음을 기다리던 불안한 밤들을 할머니의 향수병과 모호한 상실 '치료'의 상징 같은 침대보를 덮고 누워 따뜻하게 보낼 수 있었다.

아버지는 몇 달을 더 버텼지만, 자신의 상태에 대해서는 현실적으로 받아들이며 말했다. "난 언제든 죽을 수 있어. 그게 내 나이의 목숨이야." 그리고 그는 눈을 반짝이며 덧붙였다. "방금 내게 여의사를 지정해줬다. 그녀를 보는 것만으로도 컨디션이 나아져." 그의 말에 나도 웃었다. 그 순간 그는 다시 내가 알고 있던, 항상 아름다운 것들을 보는 눈을 가진 예술가 아버지로 다가왔다.

아버지는 10월, 여든일곱의 생신을 바로 앞두고 심정지 상태를 맞았다. 정신건강 전문가들은 그의 죽음을 "규범적"이라고 부르는데, 죽음을 예상할 수 있는 노년기에 임종을 맞았다는 의미이다. 그러나 나는 아버지의 임종 후 몇 달간 겪었던 고통의 시간을 잊을 수 없을 것이다. 여기 있었는데, 만지기도 했었는데, 그는 분명히 떠난 것이다. 잿빛 음영과 같다고 생각했다. 분명한 건 아무것도 없었다. 그리고 불현듯 깨닫게 되었다. 충분히 예상되고 시기적절한 죽음에서도 모호함의 무게가 느껴진다는 사실을. 그리고 처음으로, 모호한 상실의 긍정적인 면을 개인적으로 체험했는데, 내게 작별 인사를 할 수 있는 시간을 허락해주었다는 것이다. 모든 죽음이 그런 순간을 주는 것은 아니다.

우리 모두는 모호한 상황에서 명확함을 얻기를 바란다. 하지만 대부분의 경우가 그러하듯, 이 시도는 실패할 것이다. 이러한 딜레마에 빠졌을 때, 우리에게 남겨진 중요한 질문은 어떻게 모호한 상실을 감수하며 살아갈 것인가이다. 우리 각자의 답은 모두 다를 것이다. 하지만 답보다 질문이 더 중요한 경우도 있는 법이다.

작가 주

1장 응고된 슬픔

1) 여기에 명시된 "모호한 상실"은 개인적인 관계에 국한된 것들을 살핀 것이다. 앞서 심리학자들은 양가성에 관해 썼고, 사회학자들은 경계의 삼투성과 역할 혼란에 관해 썼지만, 이 용어들 가운데 어느 것도 내가 말하는 모호한 상실의 의미를 담아내지 못한다.

2) 1970년 초, 에런 라자르 박사는 고통받는 부모들이 요구하는 정신 상담의 주요 원인은 해결되지 않은 슬픔이라는 사실을 발견했다. 그는 상실 속 불확실성과 그에 따른 어려움에 관해 설명한다. A. Lazare, "The difference between sadness and depression", *Medical Insight*, 2 (1970): 23-31; and A. Lazare, *Outpatient Psychiatry: Diagnosis and Treatment*, 2nd ed. (Baltimore: Williams & Wilkins, 1989), pp. 381-397. K. J. Doka, ed., *Disenfranchised Grief* (New York: Lexington Books, 1989) 또한 참조.

3) P. Boss, D. Pearce-McCall, and J. S. Greenberg, "Normative loss in mid-life families: Rural, urban, and gender

differences", *Family Relations*, 36 (1987): 437-443.

4) 중Zung의 자가진단 우울증 등급과 노인성 우울증 등급 기준을 이용하여 우울증 증상을 평가했다. J. Yessavage and T. Brink, "The development and validation of a geriatric depression screening scale", *Journal of Psychiatric Research*, 17 (1) (1983): 37-49.

5) 이 양질의 연구는 1992~1993년, 미네소타대학교의 전 대학 고령화 협의회 기금으로 진행되었다. P. Boss, principal investigator, "Caregiver Well-Being in Native American Families with Dementia." P. Boss, L. Kaplan, and M. Gordon, "Accepting the circle of life," *Center for Urban and Regional Affairs Reporter*, 25, 3 (1995): 7-11. 참고.

2장 예상치 못한 이별

1) W. I. Thomas and F. Znaniecki, *The Polish Peasant in Europe and America*, 5 vols. (Boston: Badger, 1918-1920).

2) *The Killing Fields*, ed. C. Riley and D. Niven (Santa Fe, N. M.: Twin Palms Publishers, 1996) 참고. 캄보디아 인구의 4분의 1이 그 정권하에서 살해되었다. Seth Mydans, *New York Times Book Review*, May 25, 1997: "캄보디아는 여전히 불안정한 국가이며, 800만 명의 희생자들이 외상후 스트레스 장애로 고통받고 있다. 크메르 루주 테러로 인해 거의 모든 캄보디아인이 가족을 잃었다. 많은 사람이 엄마나 형제들이 몽둥이로 맞아 죽는 것을 직접 목격했다. 가정 폭력, 무작위 거리 범죄와 경찰 잔혹 행위는 현재 고질적인 현상으로 남아 있다."(p. 21)

3) Minneapolis Star Tribune, March 30, 1997, p. A14.

4) D. Fravel, H. Grotevant, P. Boss, and R. McRoy, "Refining and extending the boundary ambiguity construct through application to families experiencing various levels of openness in adoption", *Journal of Marriage and the Family*

(forthcoming).

5) H. Garland, *A Son of the Middle Border* (New York: Grosset & Dunlap with Macmillan, 1917), p. 238.

6) 위의 책(p. 63)에서 갈런드는 변방 지역 이민자 여성들에 대해 가장 먼저 쟁점화한 사람들 가운데 한 명이다. 그는 어릴 때 어머니와 할머니를 돕는 역할을 맡았고, 중서부 국경지대 여성들의 경험을 알게 되었다.

7) W. D. Erikson wrote the history of St. Peter's in *The Great Charity: Minnesota's First Mental Hospital at St. Peter, Minn.* (self-published, 1991). 그의 연구 기간(1866~1991년) 동안, 정신병원에 망명을 요청한 여성들 가운데 한 명이 자신의 증조할머니였다는 사실을 우연히 발견하였다. 그녀는 여생을 그곳에서 보내다 죽었다.

8) M. B. Theiler, *New Glarus' First Hundred Years* (Madison, Wis.: Campus Publishing Co., 1946), pp. 34-35.

9) G. Jacobsen-Marty, *Two for America* (Blanchardville, Wis.: Ski Printers, Inc., 1986).

10) Irish Folklore Department, manuscript 1411, University College, Dublin, Ireland.

11) Ellis Island Oral History Project, "Interview with B. Smith-Schneider", Ellis Island Immigration Museum(1986).

12) P. Boss, "The experience of immigration for the mother left behind: The use of qualitative feminist strategies to analyze letters from my Swiss grandmother to my father", *Families on the Move: Migration, Immigration, Emigration and Mobility, special issue of Marriage and Family Review*, 19 (3/4) (1993): 365-378.

13) S. Akhtar, "A third individuation: Immigration, identity, and the psychoanalytic process", *Journal of the American Psychoanalytic Association*, 43 (4) (1995): 1051-1084.

3장 이별할 수 없는 이별

1) *Losing It All* (HBO Production, Time-Warner Productions, Inc., 1991). 다큐멘터리 필름은 마이클 미에렌도르프가 집필, 편집 및 제작하였고 폴린 보스 박사가 자문을 맡았다.

2) P. Boss, W. Caron, J. Horbal, and J. Mortimer, "Predictors of depression in caregivers of dementia patients: Boundary ambiguity and mastery", *Family Process*, 29 (1990): 245-254.

3) *Losing It All.*

4) T. Sewell, *Mom's Quotes* (self-published, 1991).

5) T. Sewell, *I Am Not Fictional* (video in production).

6) R. M. Rilke, trans. S. Mitchell, *Letters to a Young Poet* (New York: Random House, 1984).

7) Willa Cather, *My Antonia* (Boston: Houghton Miflin Co., 1918), p. 127. 작가는 이민 소녀들이 어린 나이에 집을 나와 다른 사람들의 "식모살이"로 살아간 이야기를 썼다.

4장 끝나지 않는 상실

1) A. Lazare, *Outpatient Psychiatry: Diagnosis and Treatment*, 2nd ed. (Baltimore: Williams & Wilkins, 1989), pp. 389, 393; L. A. King and R. A. Emmons, "Psychological, physical, and interpersonal correlates of emotional expressiveness, conflict, and control", *European Journal of Personality*, 5 (1991): 131-150.

2) M. Robert and E. Barber, "Sociological ambivalence", in *Sociological Ambivalence and Other Essays* (New York: The Free Press, 1976), pp. 1-31. A. Weigert, *Mixed Emotions: Certain Steps toward Understanding Ambivalence* (Albany: State University of New York Press, 1991); McLain and

A. Weigert, "Toward a phenomenological sociology of family", in W. R. Burr, R. Hill, F. I. Nye, and I. L. Reiss, eds., *Contemporary Theories about the Family*, vol. 2 (New York: The Free Press, 1979), pp. 160-205. 더 많은 정보는 K. Luescher and K. Pillemer, "Intergenerational ambivalence: A new approach to the study of parent-child relations in later life", *Journal of Marriage and the Family*, vol. 60 (1998), pp. 413-425 참고.

3) *Good Morning America* (American Broadcasting Company, May 10, 1997).

4) A. M. Freedman, H. I. Kaplan, and B. J. Sadock, *Modern Synopsis of Comprehensive Textbook of Psychiatry* (Baltimore: Williams & Wilkins, 1972), p. 105. 엘렉트라 콤플렉스는 오이디푸스 콤플렉스의 여성 버전으로 남근에 대한 질투가 더해진 것으로 생각되었다. 소녀는 자신의 결핍에 엄마의 책임이 있다고 생각하고, 엄마를 절대 용서하지 않는 강한 상실감과 상처로 반응하는 것이다.

5) D. H. Hwang, *M. Butterfly* (New York: Plume, 1989).

6) 자기 비난은 양가성을 보이는 데 있어 중심적인 문제다. 상실이 모호하고 해결할 수 없을 때, 자기 비난의 문제를 어떻게 처리해야 할지에 대한 질문은 지금까지 철저히 검토되지 않았다.

7) 영화 <이티E.T.>, 스티븐 스필버그, Universal City Studios, 1982.

8) B. D. Miller and B. L. Wood, "Childhood asthma in interaction with family, school and peer systems: A developmental model for primary care", *Journal of Asthma*, 28 (1991): 405-414; B. D. Miller and B. L.Wood, "Influence of specific emotional states on autonomic reactivity and pulmonary function in asthmatic children", *Journal of the American Academy of Child and Adolescent Psychiatry*, 36:5 (1997): 669-677.

5장 사랑하기 때문에 – 희망과 절망 사이

1) P. Boss, *Family Stress Management* (Newbury Park, Calif.: Sage Publications, 1988, rev. ed. 1999). 이 작업은 이론가이며 사회학자 루벤 힐의 초기 가정 스트레스 이론 작업을 기초로 했다.

2) D. Fravel and P. Boss, "An in-depth interview with the parents of missing children", in J. Gilgun, K. Daly, G. Handel, eds., *Qualitative Methods in Family Research* (Newbury Park, Calif.: Sage Publications, 1992), pp. 126–145.

3) S. Fisher and R. L. Fisher, *The Psychology of Adaptation to Absurdity* (Hillsdale, N. J.: Lawrence Erlbaum Associates, 1993), p. 183.

4) C. Middlebrook, *Seeing the Crab* (New York: Basic Books, 1996), p. 211.

5) Fravel and Boss, "An in-depth interview", p. 140.

6) 위의 책, p. 136.

7) P. Boss and D. Riggs, *The Family and Alzheimer's Disease: Ambiguous Loss* (Minneapolis: University of Minnesota Media Productions, 1987).

8) 위의 책.

6장 상실을 각자, 그리고 함께 겪어야 하는 '가족'

1) Records of Mateo Sabog (Washington, D.C., Vietnam Memorial, National Park Service). 나와 통화한 관리인에 의하면 신문기사에서 사보그 씨의 이름이 "마테우스"로 잘못 표기되어 있었다고 밝혔다. 기념관 벽에 그의 이름은 "마테오 사보그"라고 새겨져 있는데, 몇몇 다른 병사들의 이름이 실수로 전사자로 표기되어 있기도 했으며, 마테오 사보그는 유가족들이 그가 살아 있었다는 것을 몰랐던 유일한 사람이다.

2) *Losing It All.*

3) C. R. Figley, ed., *Mobilization, Part I: The Iranian Crisis. Final Report of the Task Force on Families of Catastrophe* (West LaFayette, Ind.: Purdue University Family Research Institute Press, 1980).

4) http://www.net4tv.com/color/80/iranhost.htm 참조.

5) *Losing It All* (HBO Production, Time-Warner Productions, Inc., 1991), written, edited, and produced by M. Mierendorf.

6) 위의 다큐멘터리.

7) 위의 다큐멘터리.

8) E. Goffman, *Frame Analysis* (New York: Harper and Row, 1974). 고프먼은 죽음은 외형이 있는 하나의 사건이므로, 가족이 죽었거나 살아 있는 상태를 한 개인이 결정할 것으로 예상하지 않는다고 말한다. 그는 틀렸다.

9) J. Powers, *Boston Globe Magazine*, March 10, 1996, p. 5.

10) George Herbert Mead was a pioneer in the social psychology of interpersonal meaning. G. H. Mead, *On Social Psychology: Selected Papers, ed. Anselm Strauss* (Chicago: University of Chicago Press, 1934) 참고.

11) S. Tamaro, *Follow Your Heart* (New York: Doubleday, 1994), p. 56.

7장 상실을 받아들이는 터닝 포인트

1) D. Reiss, *The Family's Reconstruction of Reality* (Cambridge, Mass.: Harvard University Press, 1981).

2) William F. Buckley's interview with Mother Teresa (PBS, July 13, 1989).

3) 알츠하이머 간병인을 대상으로 한 나의 국립노화연구소 연구

의 일환으로 미니애폴리스의 보훈행정병원에서 진행되었으
며, 가족 대화 방식을 중재 방식으로 사용하였다. 나는 또한 만
성 정신질환자 가족과의 상담에서 가족 대화 방식을 사용한다.
이 방법은 내가 개인적으로 진행하는 가족 상담 모임에서 상징
적인 체험과 결합된 전통 대화 방식으로 이어지며, 심리 교육
으로 간주된다.

4) R. V. Speck and C. L. Attneave, *Family Networks* (New York:
Pantheon, 1973) 참조. 미국 원주민 가족심리상담사 캐럴린 아
트니아브는 이렇게 썼다. "모든 문화는 가능한 모든 가치를 포
함한다. 대비는 서로 반대되는 것이 아니라 선호와 우선순위
사이에 있다."(p. 62)

8장 내 안의 슬픔과 조용히 대면하기

1) C. B. Avery, ed., *The New Century Classical Handbook* (New
York: Appleton-Century-Crofts, Inc., 1962), p. 1015. A.
Camus, *The Myth of Sisyphus and Other Essays*, trans. Justin
O'Brien (NewYork: Vintage Books, 1955), p. 90 또한 참조.

2) P. Boss, L. Kaplan, and M. Gordon, "Accepting the circle
of life", *Center for Urban and Regional Affairs Reporter*, 25,
3 (1995): 7-11; P. Boss, "Family values and belief systems",
in *Family Stress Management* (Newbury Park, Calif.: Sage
Publications, 1988), pp. 95-108 또한 참조. 그리고 세상을 논
리적으로 공평하고 정의로운 장소로 바라보는 경향에 대한 토
론, pp. 118 and 127-129.

3) M. E. P. Seligman, *Learned Optimism* (New York: Pocket Books,
1990). 우울한 기분에 대한 그의 설명 참조: "A pessimistic
explanatory style is at the core of depressed thinking (……)"(p.
58). p. 5 또한 참조.

4) J. Smiley, *One Thousand Acres* (New York: Fawcett
Columbine Books, 1991), p. 235.

5) D. Fravel and P. Boss, "An in-depth interview with the parents of missing children", in J. Gilgun, K. Daly, G. Handel, eds., *Qualitative Methods in Family Research* (Newbury Park, Calif.: Sage Publications, 1992), pp. 140–141.

6) C. Jung, *Memories, Dreams, and Reflections* (New York: Pantheon Books, 1961), p. 340.

7) K. Asmal, L. Asmal, and R. S. Roberts, *Reconciliation through Truth* (New York: St. Martin's Press, 1997).

8) A. Antonovsky, *Health, Stress and Coping* (San Francisco: Jossey-Bass, 1979); A. Antonovsky, *Unraveling the Mystery of Health* (San Francisco: Jossey-Bass, 1987); P. L. Berger and T. Luckmann, *The Social Construction of Reality* (New York: Anchor Books, 1966); J. Patterson and A. Garwick, "Levels of meaning in family stress theory", *Family Process*, 33 (1994): 287–304; V. Frankl, *Man's Search for Meaning* (New York: Touchstone, Simon and Schuster, 1984). A. Miller, "The empty chair", in *Collected Plays* (New York: Viking, 1957), p. 8 또한 참조. 밀러는 보편적인 주제인 상실, 실패한 애도, 그리고 의미에 관해 썼다.

9) R. Akutagawa, "In a grove", in *Rashomon and Other Stories* (Rutland, Vt., and Tokyo: Charles E. Tuttle Company, 1952), pp. 13–25. 이 이야기는 환상과 현실의 균형에 대한 선불교의 이야기를 담았다.

10) Antoine de Saint-Exupery, trans. Katherine Woods, *The Little Prince* (New York: Harcourt Brace Jovanovich, 1971), p. 83.

11) 위의 책, pp. 86-87

12) 과학자들은 인간의 고통을 피하는 것에 대한 의미나 중요성을 부인하지 않는다. 의학 연구원들은 점차적으로 그 의미가 건강에 영향을 미친다는 것을 입증하고 있다. 예를 들어 다음 글 참조. B. D. Miller and B. L. Wood, "Influence of specific emotional

states on autonomic reactivity and pulmonary function in asthmatic children", *Journal of the American Academy of Child and Adolescent Psychiatry*, 36:5 (1997): 669- 677; A. Antonovsky, *Health, Stress and Coping* (San Francisco: Jossey-Bass, 1979); A. Antonovsky, *Unraveling the Mystery of Health* (San Francisco: Jossey-Bass, 1987); and A. Ellenberger, *The Discovery of the Unconscious* (New York: Basic Books, 1970). 엘렌베르거 박사는 심한 흉통으로 관상동맥 치료실에 있었던 프랭크라는 환자에 관해 썼다. 환자는 자신의 증상이 심장마비에 의한 것이라고 믿었다. 그는 지루함을 달래기 위해 혈압을 조절하는 법을 배웠다. 그가 퇴원할 때, 엘렌베르거 박사는 그에게 어떻게 혈압을 조절할 수 있었냐고 물었다. "의미를 두고 하지요." 그가 말했다. "내 심박수가 떨어지길 바라죠. 눈을 감고 가슴 통증에 집중해요. 그냥 소화가 잘 안되거나 근육통일지도 모르니 별거 아니라고 스스로를 타이르지요. 내일 출근하러 갈 겁니다. 심장 박동수를 올리고 싶으면, 그 의미를 바꿔요. 최악의 경우를 생각하죠. 정말 심장마비를 일으켰다. 난 절대 다시 출근하지 못할 거야. 그리고 그냥 큰 고통이 밀려오길 기다리죠." L. Dossey, *Alternative Therapies*, vol. 1, no. 3 (July 1995), p. 10에서 재인용. 프랭크의 사례를 보면, 의미는 스트레스 수준과 의학적 결과에 차이를 만들 수 있음을 보여준다.

9장 끝나지 않는 상실의 지평선에서

1) *The Letters of John Keats*, ed. M. B. Forman, 4th ed. (London: Oxford, 1952), p. 71. 키츠는 "소극적 수용 능력"을 "사실과 이치를 따지려는 자극적인 욕구 없이 불확실성, 미스터리, 의문 등에 머무를 수 있는 능력"으로 정의한다. A. Walker, *Anything We Love Can Be Saved* (New York: Random House, 1997) 또한 참조.

2) E. Pulleyblank and T. Valva, *My Symptom Is Stillness*: An

ALS Story (Berkeley, Calif.: East Bay Media Center, 1991); E. Pulleyblank, "Hard lessons", The Family Therapy Networker (Jan./Feb. 1996), pp. 42–49, 그리고 개인적인 대화, 1998년 9월.

3) V. Frankl, *Man's Search for Meaning* (New York: Touchstone, 1984).

4) G. Radner, *It's Always Something* (New York: Avon Books, 1989), pp. 267–268. "기분 좋은 모호함"이라는 말은 래드너를 지지하는 모임의 리더였던 조안나 불이 산타모니카에 있는 웰니스병원에서 암 환자들과 함께 사용했던 표현이다.

5) S. Fisher and R. L. Fisher, *The Psychology of Adaptation to Absurdity* (Hillsdale, N. J.: Lawrence Erlbaum Associates, 1993), p. 183. D. Brissett and C. Edgley, *Life As Theater* (Chicago: Aldine Pub. Co., 1975), p. 107 또한 참조.

6) R. Toner, *New York Times*, Feb. 9, 1996, section A, p. 24, column 1.

7) J. Schindler, *How to Live 365 Days a Year* (Englewood Cliffs, N. J.: Prentice-Hall, Inc., 1954).

작가의 말

나는 1974년부터 부부와 가족의 심리상담사이자 교수로 일하면서, 실증주의를 지지하는 것으로 유명한 두 개의 랜드 그랜트* 대학인 위스콘신대학교 매디슨 캠퍼스와 미네소타대학교에서 연구를 이끌어왔다. 하지만 내게 이야기 분석과 사람들의 이야기를 듣는 일의 가치에 관한 관심을 다시 불러일으킨 것은 보스턴의 저지 베이커 아동센터에서 보낸 한 해였다. 나는 1996년, 저지 베이커 아동센터에 있는 하버드 의과대학 심리학과 초빙교수를 지냈

* Land-grant. 정부로부터 무상으로 주어진 토지 위에 건립된 대학, 도로, 철도 등.

다. 하버드 의대 센터장이자 정신의학 교수인 스튜어트 하우저 박사에게 깊은 감사를 표한다. 덕분에 그해에 이 책을 엮게 되었다. 또한 새로운 통찰력을 내게 보여준 케임브리지의 저지 베이커 동료들에게도 감사한 마음을 전한다. 가족 연구 주제를 토론할 때 내 시각에 활기를 불어넣으며 도움을 주었던, 국립정신보건원에서 박사후 과정을 보내고 있는 연수생들에게도 감사의 말을 남긴다.

그해 케임브리지에서 1년을 보내는 동안, 저지 베이커 아동센터는 내가 이 책을 쓰는 데 필요한 환경을 제공해주었다. 부시재단에서 수여한 '부시 안식년 학술상'의 후한 지원이 없었다면 그곳으로의 이전은 불가능했을 것이다.

1996년 여름 동안, 나는 캐나다 몬트리올에 있는 맥길대학교를 방문했고 그곳에서 크리족과 이누이트족 심리상담사들과 대학원생들의 이야기를 들었다. 맥길대학교 정신의학 교수이며 다문화사회정신건강부국장인 로렌스 커마이어와, 역시 맥길대학교 정신의학 교수이며 왕립 빅토리아병원 정신과 원장 허타 구트만의 도움으로 가능한 일이었고, 그들에게 얻은 모호한 상실에 대한 유용한 조언들이 집필에 많은 도움이 되었다.

이 책의 기초가 된 연구와 임상은 1973년부터 현재에 걸친 기간에 이루어졌다. 내 임상적 관찰에서 얻은 결과와 지금에서야 알게 된, 내 개인적 경험을 토대로 갖춘 생각을 시험하는 동안 초기 과정부터 아낌없이 지원해준 분들에게 깊이 감사드린다. 육체적 부재로 인한 모호한 상실 연구를 위한 연구비 지원은 미국 해군보건연구소 산하 샌디에이고에 있는 전쟁포로연구센터(가족지부), 위스콘신대학교 대학원, 위스콘신대학교 실험연구실, 그리고 1981년 이후 미네소타대학교의 실험연구실과 가족사회학과로부터 도움을 받았다.

심리적 부재로 인한 모호한 상실 연구는 1986년부터 1991년까지 국립노화연구소에서 프로젝트 보조금을 받아 진행되었다. 나는 미네소타대학교 실험연구실과 가족사회학과 대학원에서 수석연구원으로 있으면서 "치매가 가족에게 미치는 심리적 영향과 알츠하이머병 환자의 간병인"에 관한 연구 진행을 이끌었다. 이 연구는 미니애폴리스에 있는 보훈행정병원과의 협력 아래 이루어졌다.

연구 제목은 "치매를 앓고 있는 미국 원주민 가정의 간병인 웰빙"이며, 1992~1993년 미네소타대학교 총회 노령연구회의 지원을 받았다. 미네소타대학교의 실험연구실과 가족사회학과에서도 또한 이 연구의 재정적 지원을 해주었다.

연구 초안을 읽고 좋은 제안을 아끼지 않으며 이 책의 출간이 가능할 수 있게 해준 나의 동료들, 데이비드 라이스, 잔 골드만, 비어트리스 우드, 존 드프레인, 테렌스 윌리엄스, 웨인 카론, 데보라 루이스 프래블, 조이스 파이퍼, 로리 캐플런과 대학원생 락샤 데이브 게이츠, 실루 청 스튜어트, 캐리 셔만, 케빈 돌에게 감사를 전한다. 또한, 최종 원고의 준비를 기술적으로 도와주었던 양성은 씨에게도 감사하다. 편집장 엘리자베스 놀은 내가 학문적 전문 용어와 이론 용어의 틀에서 벗어났을 때 나를 구해준 몹시 고마운 사람이다.

수년 동안 내게 가르침을 주었던 모든 개인과 가족들에게 형용할 수 없는 감사를 전한다. 그들은 내게 추상적으로 이론화하는 것이 아닌, 실제로 보는 방법을 가르쳐주었다. 깊은 사랑과 감사의 마음을 담아, 내 어머니 베레나 막달레나 그로센바허엘머에게 특별히 감사한다. 여든일곱의 내 어머니는 위스콘신 남부에 있는 자신의 집에서 계속 거주하며 가족과 친구, 교회, 지역사회와 활발하게 교류하며 지낸다. 어머니 집에 가면, 나는 모든 벽에 걸려 있는 아버지의 그림과 방마다 놓여 있는 할머니의 바느질 작품들 그리고 아주 최근에서야 테이블마다 놓여 있는, 내 언니의 사진들을 본다. 이 모든 것들은 우리 가족 중 부재한 사람들을 상기시켜 주지만, 그들이 존재했다는 상징들을 통해 내 자식과 손주들, 그리고 나는 많은 변화에도 불구하고 자부심과 안정감을 느낀다.

끝으로 남편 더들리 리그스에게 감사하다. 그는 내가 글을 쓰는 동안 어떻게 지지해주어야 하는지 알고 있었으며, 한 치의 모호함도 없이 그렇게 해주었다.

옮긴이의 글
— 상실의 모호한 경계에서 서성이는 우리에게

『모호한 상실』은 내게 부재와 존재의 혼란을 잠재운 선물 같은 글이다. 단순히 글 옮기기의 작업이 아닌, 배우고 느끼고 공감하며 '상담'하는 기분으로 마친 번역이다. 코로나가 기승을 부리던 시기였다. 지인들과의 '만남'마저 불안을 안겨줄 때여서 외출도 무서웠고 출입국 절차가 몹시 번거롭거나 막힌 상태라 미국에 사는 가족들과의 왕래도 뜸해서 심리적으로 고립된 상태에서 작업을 했다. 그때 나는 폐쇄적인 공간에 갇힌 사람처럼 불안감에 자주 시달렸다.

그러다 불안에 대해 깊이 사유하기 시작하면서

생각이 바뀌었다. 익숙하지 않은 상황에 놓인 나와 마주치는 낯선 순간들이 불안일 거라고 받아들이기 시작했다. 불안의 이유를 나름 그렇게 인정하고 받아들이고 이해한 덕분인지 서서히 안정되었다. 작업시간과 번역 분량을 정해놓고 매일 규칙적으로 일을 하며 불안에서 벗어날 수 있었다.

이 책의 저자 폴린 보스 박사는 모호한 상실을 받아들이고 이해할 때 함께 사는 법도 터득할 수 있음을 보여준다. 상실과 모호함 모두 인간 경험의 핵심 요소이며, 이 둘이 종종 '모호한 상실'로 합쳐지는 것이 놀라운 일이 아니라고 말한다. 그는 또한 '모호한 상실'의 정의를 일반적 상실과 구분한 이 분야 개척자이기도 하다. 상처받은 치유자라는 수식어가 어울릴 만큼 자신의 슬픔과 상실도 과감하게 드러내며, '소설처럼 읽히는 임상 사례 보고서'라고 할 수 있을 만큼 인생의 희로애락이 이 책에 담겨 있다.

우리가 알고 있는 일반적인 개념의 상실이란 어떤 것이 완벽하게 사라진 상태를 말한다. 가장 대표적인 것이 아마도 죽음으로 인한 대상의 부재일 것이다. 분명하고 명백한 상실로 인해 남은 자들은 상흔을 입고 비통에 잠기지만 사회적으로 애도의 권리를 획득함으로써 슬픔을 이해받고 위로를 얻는 환경 속에서 치유의 시간으로 건너갈 수 있게 된다.

그런데 상실의 경계가 모호할 때가 있다. 분명히 실체가 보이는데 곁에 없는 것 같거나, 부재하지만 여전히 함께 있는 것 같은 수수께끼 같은 상실의 지점을 폴린 보스 박사는 '모호한 상실'이라고 호명하며 우리를 위로한다. 사람들은 막연하고 불분명한 상실감에 이름이 있다는 자체만으로도 안도하고 이해하게 된다. 실체를 알았을 때, 모호함은 상대적으로 희미해지기 때문일 것이다.

사랑하는 사람과의 결별, 사랑하는 이의 죽음이 확인되지 않은 실종 상태, 이민자들이 겪는 문화와 언어의 차이, 입양아가 느끼는 단절과 고립, 알츠하이머, 기억상실, 정신질환으로 인한 공감과 유대감 부재에서 오는 상실감을 모호한 상실의 임상 사례들로 소개되어 있지만, 실은 우리가 경험하는 현실 속 상실감의 총체라고도 할 수 있을 정도로 모호한 상실은 너무도 가깝게 우리와 함께 있다는 사실이 놀랍다.

나는 이 책의 한국어 번역자이며 한국어판 첫 독자로서 폴린 보스 박사에게 무한한 감사의 마음을 먼저 전하고 싶다. 한국을 떠나 '이민자'라는 이름으로 외국에서 살았던 나는 만연한 상실감에 오래 젖어 살았다. 언젠가 한국에 사는 친구에게, "한국에다 살아보지 못한 삶을 놔두고 떠난 기분이 종종 들어. 한국에 오면 여전히 이곳을 떠나지 않은 채 살아가고 있는 '나'가 느껴져"라고 말했을 때, 한 번도 한국을 떠나 살아본 적이 없는 그 친구는 알 듯 말 듯한 표정으로 나를 바라보았다. 나는 뭔가 더 자세히 설명하고 이해받고 싶었지만 내가 느끼고 있는 감정의 정체를 나도 정확히 이해할 수 없어서 막막했었다. 한국을 오래전에 떠났는데 내 존재의 일부는 여전히 한국에 사는 것만 같은 혼란스러운 감정이 너무 감상적인 소녀의 그것은 아닌지, 내가 너무 예민한 사람은 아닌지 종종 생각에 잠겼지만, 답을 찾을 수 없어 혼란스러움은 더 커질 뿐이었다.

내가 느꼈던, 설명이 거의 불가능했던 감정에 이름이 있다는 사실을 이 책에서 발견했을 때 나는 깊은 안도감을 느꼈다. 내가 이상한 사람이 아니었다는, 아니 오히려 지극히 정상적인 사람이라는 사실을 확인한 기분이었다. 오랫동안 유리창에 어른거리는 흐릿하고 먼 곳의 풍경이 실제로 존재하는 어느 동네라는 말을 들은 사람처럼 눈앞이 환해지던 순간으로 기억될 것이다.

확실하고 명백한 것에 가치를 두고 그런 것들이 요구되는 세상에서 『모호한 상실』은 제목만으로도 어쩌면 우리에게 오랜 친구 같은 책으로 남을 것이다. 이제라도 이 책이 한국어로 번역되어 무척 기쁘다. 그동안 영미 소설만 번역하던 때와 달리 자주 생각에 잠기며 모니터를 바라보던 특별한 경험을 했다. 나의 선택을 믿고 출간을 결정한 작가정신 출판사에 깊은 감사의 마음을 아울러 전한다.

만약에 내가 좀 더 일찍 모호한 상실의 개념을 알았다면, 나의 막연한 상실감에 정확한 이름이 있다는 걸 알았다면, 일상에서 모호한 상실감을 느끼며 사는 사람들이 주변에 너무도 많다는 사실을 알았다면 나는 훨씬 더 긍정적인 사람이 될 수 있었을지도 모른다. 지금도 늦은 건 아니다. 모호한 상실을 인정하면 된다.

누군가는 이 책을 통해 오랜 우울과 모호함과 작별할 수 있고 깊은 위로를 받을 것이다. 내가 그랬던 것처럼.

의미 있는 번역 작업으로 오래 기억에 남을 책을 이제 독자들에게 건넨다.

2023년 여름

임재희

옮긴이 임재희

번역 일을 하며 소설을 쓴다. 둘 사이가 멀지 않은 일이다. 미국 하와이주립대학교 사회복지학과에서 공부했고, 중앙대학교 대학원 문예창작학과에서 소설을 배웠다. 2013년 세계문학상 우수상 수상작 『당신의 파라다이스』를 발표하며 작품 활동을 시작했다. 작품으로는 장편소설 『비늘』과 소설집 『어디에도 속하지 않은 폴의 하루』가 있으며, 장편소설 『저녁 빛으로』(가제)로 2023년 4·3 평화문학상을 수상했다. 『라이프 리스트』『블라인드 라이터』『예루살렘 해변』 등을 우리말로 옮겼다.

모호한 상실

해결되지 않는 슬픔이 우리를 덮칠 때

초판 1쇄 2023년 8월 30일

지은이 폴린 보스 | **옮긴이** 임재희
펴낸이 박진숙 | **펴낸곳** 작가정신
편집 황민지 박하영 | **디자인** 이현희
마케팅 김미숙 | **홍보** 조윤선 | **디지털콘텐츠** 김영란 | **재무** 이수연
인쇄 및 제본 한영문화사

주소 (10881) 경기도 파주시 회동길 216 2층
대표전화 031-955-6230 | **팩스** 031-955-6294
이메일 editor@jakka.co.kr | **블로그** blog.naver.com/jakkapub
페이스북 facebook.com/jakkajungsin
인스타그램 instagram.com/jakkajungsin
출판 등록 제406-2012-000021호

ISBN 979-11-6026-323-7 03100